사랑에

스미는

사람

사랑에 스미는 사람
무너진 자리에서 다시 피어나는 문장들

초 판 1쇄 2025년 10월 13일

지은이 김혜진
펴낸이 류종렬

펴낸곳 미다스북스
본부장 임종익
편집장 이다경, 김가영
디자인 임인영, 윤가희
책임진행 김요섭, 이예나, 안채원, 김은진

등록 2001년 3월 21일 제2001-000040호
주소 서울시 마포구 양화로 133 서교타워 711호
전화 02) 322-7802~3
팩스 02) 6007-1845
블로그 http://blog.naver.com/midasbooks
전자주소 midasbooks@hanmail.net
페이스북 https://www.facebook.com/midasbooks425
인스타그램 https://www.instagram.com/midasbooks

© 김혜진, 미다스북스 2025, *Printed in Korea*.

ISBN 979-11-7355-511-4 03810

값 18,000원

※ 파본은 구입하신 서점에서 교환해드립니다.
※ 이 책에 실린 모든 콘텐츠는 미다스북스가 저작권자와의 계약에 따라 발행한 것이므로 인용하시거나 참고하실 경우 반드시 본사의 허락을 받으셔야 합니다.

미다스북스는 다음세대에게 필요한 지혜와 교양을 생각합니다.

♡ 셋   앞선 마음과 뒤처진 말

열등감 104 | 영원 106 | 기차역⁺ 109 | 잔열 113 | 여름 과일 115 | 책임 소재 118 | 수취인 불명 120 | 점멸 123 | 파도 125 | 담배 향 128 | 젖은 어깨 130 | 불발 134 | 잔향⁺ 136 | 춤 사위 139 | 난제 142
세 번째 사랑을 마치며: 지나간 사랑이었음을 몰랐어요 144

♡ 넷   살아가는 사람의 마음

답신 148 | 다이어리 150 | 마음 152 | 몬스테라 155 | 문장 158 | 휘낭시에 160 | 자격 163 | 유채꽃⁺ 165 | 애장품 169 | 까미 171 | 빗소리⁺ 174 | 계절 식물 177 | 화원 180 | 선전포고 182
네 번째 사랑을 마치며: 끝끝내 사랑을 할 거예요 184

에필로그 A   185

에필로그 B   187

부록: 작업 노트   190

작가의 말

 제 손 글씨는 모서리가 없이 동글동글한 편이어서 볼펜을 쥐고 종이에 쓰는 '사람'이라는 단어를 좋아합니다. 그래서 편지를 쓸 때면 아닌 척 사람아, 사랑아, 하고 담아 보기도 해요. 같은 말도 아닌데 닮아 보이기 때문입니다. 시간이 지나면 사랑이라 썼던 것이 그저 평범한 사람으로 남기도 해서, 마음이 사무치게 아플 때가 있습니다.
 세상에는 그렇게 제 곁에는 없을 것들이 존재합니다. 사랑, 영원, 행복, 그런 것들. 거기에 빠져 살면 시간 앞에 까무룩 눈 감고 잠든 사람이 되는 것 같습니다. 저는 현실과 먼 사람처럼 느껴져요. 아침에 눈을 떠서 많은 인파에 섞였다가, 또 새어 나오는 일이요. 그러고는 어떤 자리에 앉아 허리를 곧추세우고 앉아 있는 게 어려워요. 무슨 인생이 그렇게 어렵고, 버거운지 잘 모르겠지만 그냥 그렇게 돌연변이처럼 태어났습니다.

편지나 일기 따위의 것들을 쓸 때 글자가 적혀 내려가는 걸 보는 게 좋아요. 그래서 애정 어린 마음으로 종이에 볼펜을 굴리고, 자판에 손가락을 튕깁니다.

마음이 마음으로 전해지기를 바랍니다.

수령인 가이드

어디선가 이 책을 만났거나 선물을 받아 수령인이 되신 당신에게 짧은 인사를 건네요. 저는 어떤 방향을 제시하지 않습니다. 제가 도대체 왜 아팠고, 아픈 것인지 여전히 알 수 없어요. 사랑이란 무엇인지, 어떤 사랑이 진짜 사랑인지, 어떻게 해야 덜 아픈지, 끝내 나의 행동이 옳았는지 답할 수 없습니다. 다만, 저는 그렇게나 아팠고, 저렇게도 실패했으며, 그럼에도 사랑을 한다는 말을 어디에도 털어놓을 수 없어서 이곳에 수놓기 시작했습니다.

이 책에 수록된 글 대부분은 실패에 비롯한 감정들이 기록되어 있습니다. 혼자였을 때도, 누군가와 함께일 때도 저는 늘 어떤 굴레에서 벗어나지 못해요. 제대로 시작하지도 못한 관계, 조금 늦었던 다정함, 너무 성급했던 마음, 끝내지 못한 미련과 언어가 되지 못한 마음을 품었습니다. 그러나 너무 무겁게 읽히지는 않았으면 좋겠습니다. 어찌 되었든 저는 제 의지로 이 세상에 살아 숨 쉬고 있으니까요. 누구에게는 견딜 만하고, 누구에게는 벅차 주저앉을 사랑의 무게만큼만 읽고 느끼고 사유하면 좋겠습니다.

목차의 순서대로 읽지 않아도 좋습니다. 당신의 마음이 닿는 제목이 있다면 먼저 펼쳐 보셔도 괜찮습니다. 어떤 때에는 이해할 수 없는 문장도 있을 것이고, 어느 순간에는 같은 문장이 다르게 읽히기도 할 것입니다. 당신이 택한 모든 시간 위에서 자유로이 향유했으면 합니다. 어느 한 문장쯤은 마음에 새겨질 수 있었으면 합니다.

그저 언제나 사랑에 스미는 사람이기를 바랍니다.

♡
하나

사랑하지
못했던
날들

우울 속에 나를 잃던 순간

(♡)

나의 주된 사랑의 대상자는 나 자신이다. 그러나 사랑하지 못했던 날들, 어떻게 사랑을 품어야 할지 몰랐던 날들이 더 많았다. 그래서 어떻게든 사랑을 하려 애쓰던, 참으로 어려운 시절을 보냈다. 나 스스로 정신병자로 여기던 날, 어떤 이름표를 새겨 넣던 순간들이었다. 내면에 박혀 있는 파편들은 언제나 나를 아프게 했다. 우울과 불안, 공황, 무기력과 무너짐. '사랑'이 너무나 먼 곳에 있어서 도달할 수 없을 것처럼 느껴졌다. 내가 나를 사랑하지 못한다는 건, 어떤 사랑도 나 자신을 구원하지 못하는 일을 의미했다.

* 심장 *

　잘하고 싶은 마음인데 그게 잘 안 된다. 성공에 관문이 있는 것도 아닌데, 실패한 것 같은 기분에 자꾸 슬퍼졌다. 그럴 때면 부산에 놀러 갔을 때 탔던 택시 기사님의 말이 계속 떠올랐다. 바다가 한눈에 보이는 곳에 살면 되레 우울해진다는 것이다. 잔잔하고 큰 변화가 없는 풍경은 세상이 너무 넓게 느껴지게 한다는 이유였던 것 같다.

　해안선을 따라 달리던 길이었다. 창밖으로 보이는 풍경이 예뻐서 시선을 그곳에서 거두지 못한 채, 바다의 전경이 보이는 곳은 값비쌀 것 같다는 생각을 했다. 공감이나 감성이라고는 전혀 찾아볼 수 없는 감상이었다. 그러나 우울하지 않은데 죽고 싶을 때가 되면 택시 기사님의 이야기를 곧잘 써먹고는 했다.

저의 우울과 자살 사고는 별개인 것 같아요. 다 괜찮다가도 문득, 밥을 먹은 후에는 양치를 하는 것처럼. 또는 갑자기 야간 산책을 하고 싶어지는 것처럼. 바다를 바라보다 보면 그냥 그렇게 죽고 싶어져요. 심장이 가끔 아무 이유 없이 세차게 뛰어요. 쿵, 쿵, 쿵. 존재의 증명이라도 하려는 건지 뭔지.

△ 하나

•
**심장이 가끔 아무 이유 없이 세차게 뛰어요. 쿵, 쿵, 쿵.
존재의 증명이라도 하려는 건지 뭔지.**

* 종말 *

 일부러 병원에 가지 않고, 자의적으로 약을 끊은 시간이 2주 가까이 되어 가던 때였다. 어느 순간 갑자기 멈춰 선 태엽 인형처럼 모든 일이 원점으로 돌아온 것 같았다. 밥도 잘 챙겨 먹고, 잘 씻고, 규칙적으로 잠도 잤다. 아니, 오히려 더 많이 잤다. 큰 소리를 내어 웃기도 했고, 좋아하는 것들로 시간을 보내기도 했다. 시절 인연이라고 하던가, 모든 관계는 시간을 탄다는 사실도 받아들였다. 곁에 남아 있는 사람들이 작고 소중해서 더없이 좋아졌다. 생일을 축하한다거나 안부를 묻는다는 핑계로 부치지 않을 편지들을 써 내려갔다. 그로 인해 편지지가 모자라져서 새로 주문을 해야 했다.

  그런데 자꾸 마음에 물이 차올랐다. 그러다 수용할 수 있는 정도를 넘어섰는지 결국 눈물이 되었다. 다이어리에 쓰인 일기를 들춰 보다가 삐죽 흘러나왔고, 뭘 해야 할지 갈피를 잡을 수 없어 멍하니 앉아 있다가 또 새어 나왔다. 머리까지 덮어쓴 이불에도 그 자국이 배었다. 새벽은 새벽이고 아침은 아침인데 새벽과 아침이 이어진다는 것을 이해할 수 없었다. 나는 또 새벽에 남겨졌는데 세상은 아침이 됐다.

  아무 일도 없었던 것처럼 살아 내다가, 갑작스럽게 미끄러지고야 만다. 누가 끌어 내리는 것도 아닌데 자주 그렇다. 그럴 때면 모든 것을 그만하고 싶어진다. 대부분 사람은 이렇게까지 버둥대며 살아가지는 않는 것 같은데 늘 나만 이렇다. 한탄해 봐야 세상에 적응하지 못한 동물의 도태 과정으로 보일 뿐이었다. 사실은 진짜로 그랬다. 나에게 인간의 수명은 너무 길고 세상은 너무 넓다. 무력했다. 숨을 쉬어야 할 것 같아서 받았던 편지들을 꺼내 읽었다. 울음을 그칠 수 없어서 더 숨이 찼다. 목에서 소리가 긁혀서 나왔다. 나에게 다정한 세상도 있다는 걸 알지만 그것들이 잘 잡히지 않았다.

많은 양의 약을 먹었던 때를 생각해 보면 사실 나는 약에 취해 하루를 넘겼던 것 같다. 꾸준히 양을 늘리다 보니 잠을 자다 깰 때 헛것을 봤다. 이를 다음 진료 시간에 이야기하자 의사 선생님은 나한테 약이 과했던 것 같다며 용량을 줄였다. 그러나 그렇게 과한 용량을 먹었을 때도 나는 여전히 불안하고 우울했다. 이럴 바에는 차라리 완벽하고 과하게 먹고 죽어서 삶의 종말을 이루고 싶었다.

* 굳은살 *

 뭐가 그렇게 불안한지 모르겠는데, 그냥 어릴 때부터 마음에 불안감이 차오르면 습관적으로 손톱의 거스러미를 뜯었다. 조금 더 정확히 따지면 거스러미를 뜯고도 남은 생살도 긁어냈다. 남들은 손톱을 물어서 뜯는다는데, 나는 손끝. 그래서 손가락을 보면 엄지에 유독 굳은살이 많이 박여 있다.

 그와는 다르게 손의 살결은 의외로 부드러운 편이었다. 어릴 때는 그러려니 했지만, 사회에 나와서조차 '고생 한번 안 한 손' 같다는 이야기를 듣고는 했다. 그럴 때면 울컥, 마음의 검은 말들이 쏟아져 나오려다가 얼른 주워 담았다. 그러고는 멋쩍게 웃어 보였다.

처음에는 작은 흠집에도 금세 벌겋게 달아오르던 마음이, 시간이 지나면서 차갑게 굳어가는 걸 느낄 때가 있다. 손끝을 긁어내며 생각했다. 조금 더 단단한 살이 되어 타인의 삶을 재단하지 않는 사람이 되고 싶다고.

* 절취선 *

    살아남기 위해 더 아픈 선택을 하던 날들이 있었다. 살고 싶다는 말은 나를 죽이며 다가왔다. 살아가는 건 지겨웠고, 죽는 건 무서워서 선택을 유예하곤 했다.

    죽고 싶은 날은 아니었고, 내가 살아 있다는 것을 선명하게 인식하고 싶었던 때였다. 나는 언제나 덜 선명하고, 더 고요하게 살아서 숨을 고르며 존재를 인식했다.

    충동성이 올라올 것을 알면서 술을 마셨다. 동시에 병원에 가지 않을 정도로 약을 먹으려면 몇 포를 먹어야 할지 계산해

봤다. 계산될 리가 없어서 그저 손목을 가로지르는 행위를 연상하며 약포의 절취선을 찢었다. 입안에 쓴맛이 더해질수록 정신은 점점 아롱거렸다. 그것이 썩 나쁘지 않은 기분이었다. 몸에 힘이 빠지고 기분이 나른해졌지만, 심장은 세차게 뛰어올랐다.

나는,
여기,
이곳에.
살아 있었다.

창밖 너머로 들리는 사람들의 소리에 귀를 기울였다. 생명감이 넘쳐흘러서 울컥 무언가가 밀려 올라왔다. 구역질이라도 해서 뱉어 낼 수 있다면 뭐든 토해낼 기세였다. 울렁거리는 것이 마음인지, 위장인지 구분하고 싶지 않았다.

심장이 뛴다는 사실은 변하지 않았지만 뭔가 다르긴 달랐다. 너무 빨리 뛰는 것 아닌가? 좀처럼 진정되지 않아서 그제야 내일의 출근이 걱정되기 시작했다. 결국, 제 발로 응급실을 찾으며 어떤 여름밤의 일탈은 일단락되었다.

사랑하지 못했던 날들

•
나는 언제나 덜 선명하고, 더 고요하게 살아서
숨을 고르며 존재를 인식했다.

* 성장통 *

어릴 때부터 새벽을 지새우고는 했다. 성장통 때문인지 다리가 너무 아파서 새벽 내내 무릎을 붙잡고 울어야 했기 때문이다. 주로 오른쪽, 가끔은 왼쪽이 그랬다. 이러다가 다리 길이가 다르게 자란다면 어떻게 해야 하는지 생각하던 밤도 있었다. 그러다 양쪽 모두에 통증이 있는 날은 너무 아파서 차라리 콱 죽고 싶었다.

그렇게 늦게 잠든 날에는 아침에도 늦장을 부렸다. 엄마가 커튼을 활짝 걷어 젖히고, 창문을 열어 찬 기운이 들이닥쳤다. 나는 지난밤의 고단함을 이제라도 채우려는 듯 이불을 몸에 두르고 일어날 생각을 하지 않았다. 자는 동안 여러 가지 꿈을 꾸었다. 그 내용에는 개연성 따위는 없었다. 장소도 사람도 휙휙 바뀌어댔다. 그래서 더 좋았다. 확실하게 현실에서 벗어난 감각이 좋았다.

나의 새벽은 여전히 아프다. 다리가 아파 눈물을 흘렸던 때와는 달리 지금은 마음이 아파서 베개를 적신다. 그와 동시에 새벽이 좋았다. 모두가 잠들어서 멈춰 있는데 나는 움직이기 때문에, 그 순간만큼은 나만이 부지런한 시간이었다. 이럴 때만 살아갈 용기가 나서 우습게도 되레 모든 걸 멈추고 싶어진다. 진정 살아 있는 감각이 들 때 그만하고 싶어지는 것이다. 그러지 않으면 곧 모든 것이 움직이는 아침이 온다. 아침이 왔다는 감각이 싫었다.

혼자 살게 된 이후로는 아침 일찍부터 나를 깨우는 사람이 없었다. 무엇이라 정의할 수 없는 어떤 손길이 그리웠다. 여전히 뒤죽박죽의 꿈을 꾸었지만, 현실로 나를 불러내는 사람이 없다는 것이 가끔 아플 때가 있다. 여전히 마음이 아픈 건 내가 아직 덜 자라서인 것인지, 언젠가 다 자랄 수 있는 것인지 의문스러웠다.

※ 침식 ※

　두둥실 떠올랐다 가라앉는 마음으로 하루를 보냈다. 일찍 자고 일어나서 카페에 갈 생각을 하며 시계를 보니 이미 새벽 네 시가 되었다. 순간, 시간에 납작하게 눌려서 아무것도 못 하는 상태가 되었다.

　짙게 내려앉은 새벽에는 당신만이 아니라 그 어떤 것도 곁에 남아 있지 않아서 나는 자주 외로웠다. 마음에 사무쳐서 울컥 쏟아져 나올 것 같을 때는 그냥 아닌 척을 했다. 나 자체로 산다는 게 잘 안된다. 자꾸 불행이 발에 치여서 걸려 넘어졌다.

   그런 날에는 아침이 밝기 전까지 끊임없이 사유하고, 그 구덩이에 빠져 허우적거리고. 그렇게 밑으로, 아래로, 더 깊이 뿌리 내린 내가 있었다. 그 시간 속에 나만이 존재했다.

* 소실 *

 시곗바늘이 몇 시를 가리키는지와 관계없이 침대에서 몸을 일으키고, 기계적으로 무언가를 씹고 마셨다. 어떤 때에는 대충 나갈 채비를 하고 걸음을 바삐 움직여서 어딘가를 돌아다녔다. 의식해서 정신을 차려 보면 하루가 끝나고 없었다. 그러니까, 그 중간이 없었다.

 하루가 소실된 것처럼 느껴질 때 휴대전화의 사진첩을 열었다. 카페에 갔었거나 친구를 만난 흔적이 남아 있었다. 귀여운 꽃과 고양이 사진을 보며 빙긋이 입꼬리를 올렸다. 그러나 나의 것이 다른 곳에 존재한다는 사실이 웃음기를 거둬

갔다. 나는 점점 잃어버리는 사람이었다. 기억은 뇌 어딘가에 저장되었겠지만, 의식은 늘 비어 있었다. 내 인생은 작은 네모 상자 안에서만 실재하는 것 같았다. 일상은 있는데, 나는 없다고 느낄 때가 많았다.

나는 오늘 하루를 살지 않았고, 어제도 그랬다. 그래서 내일도 그다지 반갑게 느껴지지 않았다.

사랑하지 못했던 날들

•
나는 오늘 하루를 살지 않았고, 어제도 그랬다.
내일도 그다지 반갑게 느껴지지 않았다.

* 양치질 *

 미뤄둔 세탁물과 음식 찌꺼기가 붙은 싱크대 속 그릇, 배달 음식이 담겨 있었을 법한 아무렇게나 옆으로 밀어 놓은 플라스틱 용기와 비닐봉지, 침대 위에 널브러져 있는 사람.

 온종일 자다 깨다 먹고 다시 자는 것을 반복했다. 존재하는 것으로 일과를 다 한 하루였다. 미동도 하지 않고 창밖의 밝기를 통해 시간을 가늠했다. 해가 시야에서 벗어나고도 한참이 지난 뒤에야 몸을 일으켰다. 휴대전화의 화면을 두 번 두드려 빛을 밝혔다. 시간은 언젠가부터 나를 두고 속절없이 흘러가기 시작했다. 사실은 그렇게 된 지 꽤 오래되었다. 화면에 표시된 숫자를 통해 밤이 되었다는 사실을 확실하게 인지할 수 있었다.

 내일은 올바른 사회생활을 하는 인간으로 돌아가는 날이었다. 그러니까, 출근을 해야 했다. 그러니 이제는 제대로 된 잠자리에 들어야 했다. 자기 전 양치질을 하기 위해 입을 뗐는데 말라붙어 있던 입술이 갈라졌다. 화장실의 둥근 거울에 비친 것들을 천천히 살펴보다가 저쪽의 나와 눈이 마주쳤다. 잘못이라도 한 사람처럼 시선을 피해 다른 곳에 두었다. 다시 말라붙은 입술을 바라봤다. 말라 가는 것일까, 이미 말라 버린 걸까 생각하며 양칫물을 뱉어 냈다.

* 발 빠진 쥐 *

　남들은 알 수 없는 휘황찬란 감성 문구를 나열하는 인간이 되고 싶지 않았다. 시간이 지나면 부식된 마음으로 돌아서서 비웃을 것 같다고 생각했기 때문이다. 그러나 꺼내 보이고 싶지만, 알리고 싶지는 않을 때 그런 글을 쓰게 되는 것 같다.

　그러고 싶은 마음과 그러지 않으려던 마음, 미움과 애정 사이에 어떤 간격이 있다. 알 수도 있었던 것과 모르고 싶었던 것들 사이에도 그 간격이 있다. 너무 좋은 날에는 시간이 멈췄으면 해서 죽고 싶어진다. 너무 힘든 날에는 당연하게도 그만하고 싶고, 그저 그랬던 날에도 인생이 너무 지겨워서 모든 걸 멈추고 싶어졌다. 세상에 정을 붙이고 살기가 힘들다.

  같은 세계에 사는 사람들이 서로 다른 마음을 가지고 있다는 것이 신기했다. 나조차 나를 완벽히 알지 못하는데, 아무것도 모르는 타인과 관계를 맺고 살아가는 사람들이 진심으로 대단하다고 느껴졌다. 그 격차를 줄일 수 없어서 세상의 틈 사이에 발 빠진 쥐가 되지 않으려 한층 더 조심스러워야 했다.

✱ 물 맺힘 ✱

여름의 습도는 심장에 물이 차고 숨도 차게 했다. 충동성이 높아질 것을 알면서도 술에 손을 댔다. 사과 주스를 타서 마셨더니 꽤 맛있어져서 몇 잔을 더 들었다. 어떤 노래 제목을 따라 오렌지 주스를 타서 먹기 시작했던 것이 점점 취향을 찾아 사과 주스까지 오게 된 것이다. 정신이 일렁거렸다.

혼자인 것이 싫어서 역설적이게도 혼자서도 완전한 존재가 되고 싶었다. 그러나 나는 자꾸만 술을, 사람을 찾았다. 그렇다고 해서 그것들을 좋아하는 건 아니었다. 그보다는 식물이 가득 놓인 베란다에 앉아 잔잔한 노래를 틀고, 책을 읽는 일이 더 즐거웠다. 그럼에도 자신을 망치는 일을 멈추지 못한 것은 어떤 외로움이었다. 채워지지 않는 허기였다.

식물에 물을 주는 것이 일상의 큰 과제였던 때가 있었다. 수분감을 가득 머금은 흙의 물기가 줄기를 타고 올라와 잎끝에도 물이 맺혔다. 그러나 그것을 사랑스럽게 바라보는 일조차 버거웠다. 마음에 맺힌 물기가 도저히 닦이질 않았다. 좋아하는 것만 좋아하며 살고 싶은 것이 욕심이 되어 나를 세상 밖으로 밀어내곤 했다.

혼자인 것이 싫어서 역설적이게도
혼자서도 완전한 존재가 되고 싶었다.

+ 플레이리스트

> "사랑했던 사람과 모터보트 위에서
> 말리부에 오렌지를 타서 먹는 상상을
> 하다 아랫집 소리가 들리네"
> - 〈말리부 오렌지〉, 박소은

〈물 맺힘〉에 소개된 '어떤 노래'입니다. 이 곡에는 따뜻한 기억이 많습니다. 콘서트를 보고 난 후 밤늦게까지 말리부 오렌지를 마시며 친구와 대화하던 일이 첫 기억으로 떠오르네요. 그래서 저는 칵테일을 마실 때 이를 꼭 주문하고는 합니다. 하지만 편의점에서도 흔히 보이는 술이라 그런지, 정말 알코올을 즐기는 칵테일 가게에서는 취급하지 않는 경우도 있더군요. 그런 곳에서 주문했을 때, 오렌지 주스가 없어 직접 진짜 오렌지를 착즙해서 내어 주신 적이 있습니다. 오래오래 기억에 남을 다정이었습니다.

* 구인 *

  다정하고 뜨거운 온기를 품은 손, 그런 것들이 나를 살게 했다. 그러나 또 금세 사람을 잃어버려서 홀연히 남겨졌다. 그럼에도 나는 자꾸 사랑을 곁에 붙잡고 싶었다. 애정에 목이 말라서 매일매일 좋아하고, 미워하기를 반복하며 마음이 널 뛰었다. 그 모든 감정이 너무 끈적거리게 들러붙어서 자주 목을 축여야 했다. 사랑의 애달픔과 두려움 사이에서 양쪽으로 찢어진 마음만 남았다.

잊히지 않는 사람이 되고 싶었다. 그래서 종종 누구에게나 편지를 쓰거나 같이 찍은 사진을 남겼다. 그러나 결국 편지는 나 혼자만의 독백이 되었고, 사진 속의 얼굴은 흐릿해졌다. 남겨졌다는 사실보다 더 비참한 것은 애초에 누구도 내게 먼저 남아 있겠다고 말한 적이 없었다는 것이었다. 나는 언제나 너무 성급하게, 너무 많이 사랑했다. 그들의 온기가 짧고 뜨거워서 내게는 지나간 말투와 음악, 장소가 새겨졌다.

그 흔적이 다시 돌아와서 기억을 살릴 때는 마음에 불을 덴 듯 심장이 뜨거워지곤 했다. 그렇게 늘 사랑을, 사람을 필요로 여겼다.

* 흙내음 *

  여름의 초입이었다. 아직 장마도, 따갑게 내리쬐는 햇볕도 다가오지 않은 그런 때 말이다. 여름은 사실 그냥 여름이었다. 그다지 감정이 실려 있지 않은 담백한 단어 그 자체 말이다. 그러다 어느 순간부터 여름날의 냄새가 생동했다. 여름이 좋다던 친구의 말을 들은 이후 그랬던 것 같다. 그는 여름이라고 하면 청명하게 맑고 푸른 하늘, 만화 속 그림 같은 구름만을 연상하던 내게 식물이 모여 이루어 내는 푸릇함도 있다는 것을 일러 주었다.

볼까지 붉게 익어 버린 여름날에 녹음이 짙게 무르익은 나무 밑 벤치에 가서 앉았다. 습기를 머금은 벤치가 바지도 적실 것 같다는 생각을 했다. 햇볕을 피해 천천히 고개를 숙였다. 연두색, 짙은 녹색, 그리고 단단한 갈색의 줄기를 따라 시선을 아래로 옮기다가 그 초록이 곧게 서 있는 땅이 보였다. 물기를 가득 머금은 굳은 땅이었지만 겉의 흙은 포슬포슬해 보였다.

그럴 수만 있다면 이대로 자연 안으로 사라지고 싶었다. 한 폭의 사진 같은 완벽한 그림에서 잘못 찍어 버린 물감처럼, 그렇게 오점처럼 존재하는 내가 슬펐다.

사랑하지 못했던 날들

•
그럴 수만 있다면 이대로 자연 안으로 사라지고 싶었다.
한 폭의 사진 같은 완벽한 그림에서 잘못 찍어 버린 물감처럼,
그렇게 오점처럼 존재하는 내가 슬펐다.

* **무게감** *

 나는 무거운 동시에 가벼웠다. 몸을 일으킬 수 없을 만큼 무거웠고, 눈꺼풀이 자꾸 닫히고, 숨조차 중력이 잡아끄는 것처럼 자꾸 땅 밑으로 이끌렸다. 그러면서 동시에 기억이나 감정 같은 것들이 조금씩 떨어져 나가면서 나는 가벼워졌다.

 무엇을 했는지 정말 기억하지 못해 말할 수 없는 헐거운 하루가 당연한 일상처럼 흘렀다. 어쩌다 만난 사람들과의 대화는 바람이 빠진 풍선처럼 맥없이 흩어졌다. 버티고 서 있지 않으면 파도가 몰아쳐 떠밀려 갈듯이 서 있었다. 사람과 사람 사이를 비집고 나의 길을 가야 할 때는 휩쓸리지 않게, 길을 헷갈리지 않게 온 신경을 곤두세웠다. 사람 사이, 공간 속, 시간 위에 해류를 떠다니는 해파리처럼 굴었다.

무게를 지탱하기 위해 끊임없이 무언가를 채웠다. 허기를 채웠고, 취미를 만들거나 어떤 활동을 하려고 했다. 밑 빠진 독에 열심히 쏟아 넣고 나면 결국 나는 존재하는 것이 맞는지 애써서 나를 살펴야 할 만큼 가벼워졌다.

하얗게 내려앉은 먼지에 바람을 훅 불면 어딘가로 흩어지는 것처럼 언제든 사라질 수 있을 것 같았다. 의자를 끄는 소리나 발걸음 소리, 누군가 문을 여닫는 소리처럼 존재하지만 무시되는 것들이 딱 나의 무게감이었다.

* 야간 산책 *

하루를 마무리하는 시간이 되면 나는 늘 나를 지우고 싶었다.

그러나 지워지는 것은 고사하고 부자연스러웠던 웃음, 하지 않아도 될 말, 과하게 먹은 식사, 그런 순간들이 얼굴을 쓸어내리는 손바닥 안에 머물렀다. 도무지 적응되지 않는 사회의 연결고리 안에서 하루를 버티고 나면 종종 밤에 잠이 잘 오지 않았다. 얼마간의 고민을 하다가 편의점에서 산 간식거리를 입에 물고 야간 산책을 하면 그 시간에는 비로소 진짜 나로 돌아오는 것 같았다.

사람들이 많이 거닐지 않는 때에 밖을 돌아다니면 대부분 선선한 바람이 부는 시간이었다. 바람이 나를 스치는 것이 아닌 통과하는 기분이었다. 하루 동안 내가 입고 벗었던 표정이 기억을 스치고, 누군가에게 건넸던 어설픈 다정함, 일부러 못되게 굴기도 했던 행동들이 떠올랐다. 언제부터인가 나는 나를 오염된 것처럼 여겼다. 어디서부터 손을 대야 할지 몰랐다. 엉켜버린 실타래는 차라리 가위로 잘라 내는 것이 더 괜찮은 방법일지도 모른다. 차라리 그러고 싶었다.

 나는 길을 잘 찾지 못하는 편이어서, 같은 곳을 몇 번 가 보고도 또 길을 잃기도 한다. 낮과 밤의 길도 다르게 보여서 익숙한 출퇴근길도 어둠에 흠뻑 적셔진 밤이 되면 새로이 보였다.
 종종 일부러 모르는 길을 찾아 걸어 들어가곤 했다. 빨간 벽돌집에 기대어진 낡은 자전거, 전봇대 옆에 자란 노란 민들레 따위의 것들이 마음을 움직였다. 같은 현실이었지만 다른 세계가 존재하는 것처럼 잘려져서 존재하는 밤이었다.

●
**언제부터인가 나는 나를 오염된 것처럼 여겼다.
어디서부터 손을 대야 할지 몰랐다.**

를 했을지 추측하고, 내가 얼마나 불편한 사람처럼 굴었는지 분석하고, 상상했다. 특히 되감을 일이 많은 날에는 필사적으로 그것들을 지워 내기도 했다. 그리고는 '덜 틀린 사람'이 되기 위해 나를 다시 썼다. 이러지 말아야지, 다음에는 더 잘해야지, 하며.

그런데 이상하게도 아무리 지워도 다음 날이 오면 또 과거의 나로 돌아가 있었다. 그렇게 쓰다 지우길 반복하다 보면 잃어버리는 단어들이 생긴다. 어떤 문장에는 동사가 없었고, 어떤 문장은 주어가 없었다.

의도하지 않았는데 나는 점점 더 나를 표현할 수 없게 되었다.

* 소멸 *

 나는 온전히 살아 내고 싶은 사람이었다. 예쁜 구름 사진이나 잔디 옆에 자란 토끼풀 따위의 사진을 찍는 것을 좋아했다. 하늘이 맑으면 숨이 쉬어졌고, 좋아하는 노래를 들으면 어깨를 들썩였다. 나의 작고 늙은 검은 강아지를 끌어안으며 넘치도록 따뜻한 생명감을 느꼈다. 그러나 삶이 너무 길어서 지쳤고, 죽음은 점점 선명한 평화가 되었다.

 진심으로 생각건대, 행복감과 자살 사고는 양립할 수 있다. 내가 어느 한쪽을 택하지 않는 건 불안정한 세상에서 죽음마

저도 불확실하기 때문이었다. 아무렇지 않은 얼굴로 매일 마음이 무너졌다. 살고 싶은 이유를 품고 싶었고, 죽지 않을 미련을 안고 싶었다. 그 결말은 사는 일에 실패하여 천천히 죽어 가는 사람이 되는 것이었다.

하나 ♡

•
살고 싶은 이유를 품고 싶었고, 죽지 않을 미련을 안고 싶었다.
그 결말은 사는 일에 실패하여 천천히 죽어 가는 사람이 되는 것이었다.

첫 번째 사랑을 마치며
: 괜찮아서 괜찮아요

언젠가의 저는 늘 무너진 채로 깨어났고, 쓰러지듯이 잠들기를 바랐습니다. 모든 것에 시작이 없다고 믿었고, 세상에 내가 서 있을 자리를 찾지 못했습니다. 그러나 지금은 알아요. 이제는 세상의 파란을 끌어안고도 숨을 내쉬는 방법을 알아 가고 있습니다. 파도처럼 출렁대는 인생일지라도 저는 끝끝내 살아 낼 거예요. 흔들리는 것도 그 자체로 정말 괜찮아서 괜찮아요.

♡ 둘

빛   이
닿기 전의
고   요

사랑의 온기가 닿지 않던 순간

(♡)

나는 자주 무너졌고, 세상은 가끔 다정했다. 어떤 사랑은 명확히 주어지지 않아서 그것을 찾아 헤매어야 했다. 자주 몸을 웅크려 숨을 참고, 쉬고, 눌러 담고, 가라앉았다. 스스로를 더 작게 만들면 덜 아플 것 같았다. 그렇게 조용히 침식당하면서도 여전히 사랑의 온기를 기다렸다. 때때로 쥐어지는 사랑은 다음을 살아가게 했기 때문이었다. 언젠가 그 온기를 붙잡을 수 있기를 바라며 간신히 이어가는 하루를 흘려보냈다.

* 늦장 *

 올해의 여름은 미적대며 다가왔다. 여름의 시작을 폭염과 함께할 것이라는 일기 예보와는 말이 달랐다. 장마가 적어도 두 달은 될 것이라는 말과도 달랐다. 적당히 따뜻하고 날씨도 선선하던 그런 때에 오랜만에 본가를 찾았다.

 맞바람이 부는 거실 소파, 흔들어 깨우는 엄마의 손길과 그 너머의 밥 냄새, 아무것도 하지 않아도 괜찮은 집안의 공기가 지나치게 평화로워서 살아 있기도, 아니기도 한 기분이었다. 그 순간에 시간이 멈췄으면 좋겠다고 생각했다. 조금의 진심을 품은 어린 투정을 부렸다. "맨날 엄마 밥만 먹고 살고 싶어." 엄마는 그저 입꼬리를 올리며 웃었다.

 속절없이 시간은 흘러 자취방으로 돌아갈 때가 되었다. 다음 날 출근을 고려해 아침 일찍 출발하는 기차를 예매했었는데, 조금만 더 애착의 중심에 서 있고 싶어 한낮으로 시간을 변경했다. 그러다 결국은 해가 뉘어가는 느지막한 시간으로 또 바꾸고 말았다. 기차역까지 가는 택시에 몸을 실어 하늘을 봤다. 부지런히 몸을 움직여 방을 쓸고 닦는 엄마가 떠올랐다. 잡곡밥이 몸에 좋다면서도 흰쌀밥을 좋아하는 자식을 위해 고슬고슬한 흰밥을 밥그릇에 봉긋하게 쌓아 주는 엄마가 보고 싶었다. 깨끗한 하늘에 일부러 꾹꾹 눌러 뭉쳐 놓은 듯한 구름이 참 서글프게 예뻤다.

 아무것도 모르는 척 엄마 품에 안기면 정말 아무 일도 아닌 일이 되어 버렸던 때처럼, 모르는 척 그냥 다 놔 버리고 싶다는 생각을 했다. 생각만으로 마음이 편해졌다.

•
고슬고슬한 흰밥을 밥그릇에 봉긋하게 쌓아 주는 엄마가 보고 싶었다.
깨끗한 하늘에 일부러 꾹꾹 눌러 뭉쳐 놓은 듯한 구름이 참 서글프게 예뻤다.

* 고요 *

바다를 좋아한다. 노을을 머금고 반짝이는 검고 하얀 것들이 예뻐 보였다. 나중에서야 그것이 윤슬이라고 불리는 걸 알았다. 파도가 치는 자체로도 예쁜데, 하얀 거품을 잘게 부수는 것도 아름다웠다. 만화 같은 구름이 한데 어울려져 그림 같은 아침 바다도 좋았고, 저 너머를 멍하니 보고 있자면 빨려 들어갈 것만 같은 밤바다도 사랑했다.

바다는 많은 것을 품고 있다. 그리고 그 속의 해양 생물들이 또 인간의 감성을 건드리는 삶을 살아간다. 예를 들면, 해파리는 헤엄을 치지 못해서 해류에 떠다니며 산다고 한다.

그때부터 해파리가 좋았다. 해파리 하면 흔히 떠올리는 둥근 머리에 네잎클로버 같은 문양이 있는 생물의 이름은 '보름달물해파리'이다. 머리끝에는 수천여 개의 촉수가 있으나 다른 해파리와는 달리 독성은 약하다고 했다. 독성이 약하고 물살에 따라 표류하는 '달걀 프라이 해파리'도 꽤 귀여워한다.

어디선가 고래는 노화가 몹시 느려서 암에 걸려도 암세포의 노화조차 느리다고도 들었다. 그래서 암으로는 죽지 않는다고 했다. 그들이 사는 바다는 영영 고요할 것만 같아서, 마음만이 아니라 몸까지 완전히 침식되어 버린다면 나 또한 고요를 찾을 것 같다는 생각을 하게 된다.

그러다 문득 깨닫는다. 너무 좋다고 생각하는 와중에도 그 속으로 천천히 걸어 들어가는 생각부터 드는 내가 그제야 보인다. 소름 끼치게 자각되는 내가 싫어져 다시 기분이 침체하여 영영 가라앉는다. 진짜 바다로 들어간 것도 아닌데 억울했다.

* 소등 *

 백열등인지 형광등인지 LED 등인지 아무런 상관이 없었다. 나는 그냥 방 한가운데에 자리를 차지하고 있는 밝은 불빛이 그다지 반갑지 않았다. 간접조명을 켜 둔 채 방안을 돌아다니며, 학창 시절 으레 선생님들이 큰 소리로 외치는 말을 떠올렸다. '어둠의 자식들.'

 여러 식물을 키우기 시작하면서 자연스레 식물등도 사게 되었다. 집 안에 빛이 늘었다. 강아지 산책을 나서며 돌아본 창 안은 분홍빛이 물들어 있었다. 몸을 거꾸로 뒤집어서 봐도 저곳이 나의 보금자리라고 말하는 것처럼 느껴졌다. 실질적으로 공간을 차지하는 것은 식물들이었지만 그곳은 온전한 나의 공간, 나의 집, 나의 것처럼 느껴졌다. 사실을 따지고 보면 다달이 월세를 내고 사는 곳이었지만 말이다. 그러다 타이머에 맞게 식물등이 꺼지면 나는 다시 어둠의 자식이 되었다. 시력도 좋지 않으면서, 그 사이 사이를 잘도 비집고 돌아다녔다.

언젠가부터 불을 잘 켜지 않게 된 것이 일부러 그러는 것인지, 아닌지 헷갈리기 시작했다. 여전히 식물은 식물등을 향해 초록을 내뻗었지만 나는 어둠 사이를 걸었다.

빛이 닿기 전의 고요

•
여전히 식물은 식물등을 향해 초록을 내뻗었지만
나는 어둠 사이를 걸었다.

* 살아 내기 *

아직은 새벽이 새벽일 때, 일찍 깨어나 볼 요량으로 일찍 잠자리에 들었던 때가 있었다. 이불이 무거워서 걷어 내었다가 냉기가 들어 다시 덮었다. 베개가 너무 낮아 안고 자던 인형을 한 겹 더 쌓아 올렸다.

그렇게 이리저리 뒤척이다 시계를 보니 벌써 아침이 다 되어가는 새벽이었다. 문득 창밖을 보니 어스름이 걷어지고 있었다. 시와 분이 겹치는 시곗바늘 사이에 몸이 낀 것 같은 기분이 되었다.

그러다 차가워진 공기가 폐포를 가득 채워 몸과 정신이 차

분하게 가라앉으면, 늘 그랬던 것처럼 끈덕지게 살아남아 커다란 숨을 고루 내쉬기로 한다. 그렇게 잠을 청하기 위해 눈을 감았다.

+ 플레이리스트

> "마주 앉고서 체온이 전해질 때면
> 이런 게 평온이겠지"
> – 〈이런 게 아마 마음이겠지〉, 이강승

이른 아침에 일어나 잠이 잘 깨지 않을 때 듣는 노래입니다. 현실과 꿈 사이에 정신을 두고 있을 때 천천히 침대 위로 나를 끌어와 주는 잔잔한 평온이 좋아요. 2019년 발매된 노래인데, 다음 앨범은 2021년에 나와서 한참을 애달프게 신곡을 기다렸던 기억이 있습니다. 너무 저 혼자만 알고 싶어 해서 그랬던 걸까요. 이제는 카페나 술집의 신청곡으로 자주 청하는 노래가 되었습니다. 많은 사람이 이강승 님을 알아서, 돈을 적당히 많이 벌고, 노래를 아주 많이 내어 주셨으면 좋겠습니다.

* 첫 연애 *

 사랑이라고 부르기조차 아까웠던 순간이 있다. 이를테면 내게는 첫 연애가 그랬다. 서툴고 어색한 감정 속에서 그 누구도 준비가 되어 있지 않았던 것 같다.

 이별이 곧 감정의 소멸이라 믿던 세계가 처음으로 무너지던 순간이었다. 예상은 하였으니 일방적이라고 할 수도 없었지만, 이를 받아들이는 일은 유난스러웠다. 절절한 사랑을 한 것도 아니고, 삶을 뒤흔들 열정도 없었으니 미련을 가질 것도 없었다. 하지만 아무것도 아니라고 치부하기에는 종종 그의 얼굴이 선명하게 떠올랐다. 기억 속의 네 모습과 다른 소식이 들려올 때마다 특히 더 그랬다. 부디 인생이 덜 고단해서, 하루를 잘 살아 내기를 바랐다.

어떤 감정은 이름조차 갖지 못하고 영원히 고여버린다. 붙잡을 수도 없고, 사라지지도 않는 그것들이 조금씩 모여서 하나의 덩어리를 이루면 나는 그곳에 질문을 던진다. 내가 한 것은 사랑이었을까, 아니면 청춘이 만들어 낸 환상이었을까. 지나치게 또렷한 기억은 가끔 현재를 말하는 것처럼 삶에 스며든다.

* 초록 *

 작열하는 여름 속에서 생명은 활개를 친다. 처음에는 호기심에 사들인 식물이었는데, 어느샌가 수집품목에 들어가서 스무 종이 넘는 식물을 키우게 됐다. 얼마간 방치를 해도 끈덕지게 살아 내는 초록이 너무 신기해서 시간을 들여 바라보고, 또 바라보고는 했다. 정원처럼 꾸며둔 베란다에서 햇볕을 정면으로 마주하며 앉아 있자면 나도 함께 성장할 것만 같은 기분이 든다. 초록이 주는 생기가 그렇다.

 퇴근길에 너무 피곤해서 버스 안에서 잠이 든 적이 있었는데, 정말 모르는 곳에 떨어지게 되었다. 휴대전화로 지도를 실행하여 보았지만, 있어야 할 버스 정류장이 도보 거리 내에서 보이질 않았다. 뜨거운 뙤약볕 아래에서 차가운 물기가 올라오는 풀숲을 바라봤다. 저곳에 정류장이 있어야 하는 일이었다.

 그 자리에는 토끼풀이 보였다. 오밀조밀 모인 그것들은 잡초 같지도 않게 예뻤다. 길을 잃었음에도 몰아치는 행복에 숨가빠 죽고 싶었다. 그렇게 걷다가 아지랑이와 함께 증발하고 싶었다. 길을 잃어도 좋으니 예쁜 것만 보며 살고 싶었다.

빛이 닿기 직전 고요

•
길을 잃었음에도 몰아치는 행복에 숨 가빠 죽고 싶었다.
그렇게 걷다가 아지랑이와 함께 증발하고 싶었다.
길을 잃어도 좋으니 예쁜 것만 보며 살고 싶었다.

* 집 *

집에 있지만, 집으로 돌아가고 싶다는 말이 양쪽 입꼬리를 한껏 집어 올릴 만큼 웃겼다. 침대 하나 없이 텅 비어 있어도 '집'이라는 말 자체로 따뜻한 장소로 기억되어야 한다고 믿었다. 하지만 그 믿음은 내가 만든 게 아니라 누군가의 온기를 올려다보는 일이었다.

한때는 따뜻한 보금자리 같은 것이 간절히 필요했다. 내 것은 늘 그렇듯이 썩 만족스럽지 않았다. 집안은 대부분 적막에 가라앉아 있었다. 식사는 거의 따로 먹었고, 거실에 함께 있거나 누군가의 방문이 열리는 경우는 많지 않았다. 유일하게 나만이 강아지가 드나들 수 있을 정도의 폭으로 문을 열어 둔 채 생활했다.

언젠가부터 나는 나의 감정을 제대로 씹지도 않고 넘기는 음식물처럼 삼켜 내는 방법을 터득했다. 그렇게 좋거나 싫은 일과는 관계없이 일상을 공유하는 것도 서툴러서 말을 아끼는 사람이 되었다. 성인이 된 후 자취를 하게 되었을 때도 그때와 크게 다르지 않았다. 대부분 혼자 끼니를 챙기고, 집 안의 공기를 움직이는 것은 끊임없이 돌아다니는 강아지뿐이었다.

어떤 마음을 쥐고 살아가는 사람으로 자랐다.

* 연락처 *

    밤이 너무 무거워서 아무 일 없이도 누군가에게 전화를 걸고 싶을 때가 있다. 꼭 대화가 필요한 것은 아니었다. 누군가에게는 일상처럼 말할 수 있는 안부 인사가 나에게는 커다란 고백처럼 느껴졌다. 차라리 무음인 것이 편할 것 같았다. 그저 함께 무소음의 중력을 견뎌 줄 사람이 필요했다.

    전화번호부를 천천히 내려 보았지만 멈출 곳이 없어 끝에 다다랐다. 어떤 관계는 너무 멀고, 어떤 관계는 너무 가까워서 말할 수 없는 것들이 있었다. 결국, 다시 조용히 고개를 들고 창밖을 바라보았다. 그저 그렇게 가만히, 나 혼자라는 사실을 품에 안은 채였다.

    외롭다는 감각조차 흐려질 만큼 깊은 고요 속에서, 나는 아침이 밝을 때까지 미동도 없이 그 중력을 견뎠다.

* 정적 *

공간이 너무 적막했다. 누군가의 마른기침 소리가 벽을 타고 흘러들었다. 노트북은 열려 있었지만, 꽤 오랜 시간 자판에 손을 올려놓은 채 움직이지 않았다. 쓰려던 문장이 떠오르지 않아서였고, 딱히 마저 쓸 의지도 들지 않았다.

닫힌 창문의 먼지 낀 유리 너머로 오후의 햇살이 스몄다. 남향이 아니어서 그런지 이 집은 오후 두 시 무렵의 햇볕이 가장 또렷했다. 실내 온도는 적당했고, 공기청정기가 소음 없이 돌아가고 있다. 모든 게 고요했다. 평온한 침묵을 즐기는 시간은 그리 길지 않았다. 어느새 정적은 고독이 되어, 혼자라는 사실을 명백하게 증명하는 것 같았다.

 전자 기기의 음향을 높였다. 시끄럽게 웃고 떠드는 예능 영상, 좋아하는 인디 가수의 노래, 숏폼 영상까지 한데 섞여 오히려 알아들을 수 없는 소음들 속에 나는 놓여 있었다. 그것들을 통해 내가 존재한다는 사실을 느낄 수 있었다. 나는 언제나 누군가의 말소리를 기다리는 사람이었다.

•
어느새 정적은 고독이 되어,
혼자라는 사실을 명백하게 증명하는 것 같았다.

* 가장자리 *

　나의 인간관계는 좁고 얕은 편이어서 그 안의 사람들을 자주 들여다보곤 했다. 파동의 가장자리에 있는 사람들은 종종 사라졌고, 때로는 불쑥 나타났다. 관계의 원은 그렇게 흔들렸다. 나는 언제나 그 가장자리가 불안했다.

　가장자리의 사람이 중심으로 들어오는 일도, 원 밖의 사람이 가장자리로 들어오는 일도 흔치 않았다. 그곳은 애매한 위치였다. 쉽게 잊혀지고, 조용히 무너지는 자리였다. 나는 우스갯소리처럼 내 장례식에는 아무도 안 오는 거 아니냐는 소리를 했다. 물론 대외적으로는 그것을 결혼식이라고 바꿔서 말했다.

 사랑도, 우정도 아니면서 이름 없는 감정들이 내게로 와서, 조용히 애착을 훔치곤 했다. 나는 여전히 그 사람들을 그리워했다. 지나간 이름을 지나가도록 두지 못하고.

* 겨울 눈 *

　겨울에 태어났다는 것이 겨울을 좋아할 타당한 이유가 되지 않았지만, 우습게도 나는 그래서 겨울이 좋았다. 모두가 불편해하던 그 느낌과 차가운 공기가 이상하게도 나는 편안했다. 눈송이가 느긋한 걸음처럼 내려오던 날에는 그 시작이 어디인지 찾기라도 하듯이 조용히 하늘을 올려봤다. 마치 세상 전체가 고요에 잠긴 것 같은 느낌을 사랑했다. 그 속에서 나는 비로소 숨을 쉴 수 있을 것 같았다.

하얀 눈을 데굴데굴 굴리는 동안 차가워진 손끝을 애써 덥히며 만들어둔 눈사람은 결국 겉이 더러워지고는 했다. 누구도 밟지 않은 새하얀 눈으로 시작하지만 결국 누군가 밟고 지나간 곳까지 눈덩이를 굴리게 되어서였다. 그조차 내 것이라 좋았다. 깨끗한 것에도 얼마든지 때가 묻을 수 있다는 걸, 그리고 그게 나쁜 게 아니라는 걸 가장 먼저 알려 준 계절이었다.

쌓인 눈이 발걸음에 압축되어 내는 소리 위에서 느릿한 속도와 함께 나의 감정들도 조금씩 자리를 잡았다. 겨울은 내 마음만큼 느렸고, 그래서 마음이 시간을 따라잡을 수 있었던 계절이었다.

+ 플레이리스트

> "겨울이 지나도 금방 녹지 않을
> 문장들을 조금씩 모아 두곤 했어요"
> - 〈겨울의 병〉, 김현창

김현창 님을 처음 알게 해 준 노래였던 것 같습니다. 부단한 노력에도 우울한 기분을 벗어날 수 없었는데, 겨울에 내리는 눈송이처럼 느릿하게 마음에 닿았습니다. 늘 생각하지만, 현창 님의 노래는 가사가 참 예뻐요. 결국 나아가고자 한다는 점에서 충만한 감정을 갖게 하고요. 덕분에 행복했으면 좋겠다고 바라는 사람이 늘었습니다.

… **꽃 달력** …

　동백, 목련, 개나리, 수유꽃, 벚꽃, 유채꽃, 수국, 해바라기, 능소화, 배롱나무, 자귀나무, 코스모스, 다시 동백.

　내 마음은 늘 계절보다 느리게 움직여서 봄꽃을 보고 나서야 봄이었음을 깨달았다. 그리고 가을비가 쏟아져야 여름의 끝을 받아들였다. 그렇게 자연을 보며 시간의 흐름을 느끼다 보니 꽃이 피고 지는 순서를 자연스레 익히게 되었다. 그 사이 사이에는 내가 감당하지 못할 감정들을 숨겨 두었다.
　목련이 피면 엄마가 사는 오래된 아파트 단지가 생각났고,

벚꽃 아래에서는 대학 때 친구들이 떠올랐다. 유채꽃은 유채꽃이었지만 그 의미가 있었다. 이제는 배롱나무, 자귀나무 아래에서도 누군가의 얼굴이 흐릿하게 겹쳐 보이기 시작했다.

계절은 나의 의지와 상관없이 제 할 일을 끝내곤 하지만 나는 여전히 어떤 감정도 흘려보내지 못하고 지지부진 붙잡는다. 그 안에서 나는 피고 지고를 반복하는 감정들을 끌어안았다.

여름
♡

•
계절은 나의 의지와 상관없이 제 할 일을 끝내곤 하지만
나는 여전히 어떤 감정도 흘려보내지 못하고 지진부진 붙잡는다.

* 열병 *

도저히 잊을 수 없는 어릴 적의 사랑이 있다.

흔들리는 차 안에서 차창 밖으로 산란하는 가로등 불빛들이 지나갔다. 뒷자리에서 가쁜 숨만을 몰아쉬며 누워 있었고, 앞에는 아빠가 두터운 등을 보인 채 운전을 하고 있었다. 말없이 움직이던 그의 손이, 커브를 돌 때마다 운전대 위에서 조용히 기울어졌다. 어렴풋한 기억 속에서도 나는 열이 많이 났고 머리가 너무 아파서 정신을 제대로 차릴 수 없었던 것 같다. 세상의 중력이 내 몸 위에서 무겁게 깔려 있었다.

아빠는 나를 걱정하고 있었다. 그냥, 느껴졌다. 아니면 그렇게 믿고 싶었을지도 모른다. 그 작은 관심이 좋았다. 나는 그런 작은 것에서부터 사랑을 찾아 헤매야 했다. 응급실에 도착했을 때는 거짓말처럼 열이 내렸던 것 같다.

그가 진정 나를 사랑하긴 했을지 의문이 들 때마다 어린 시절 그 밤의 열병이 떠올랐다. 성인이 된 지금도 이해할 수 없었다. 아빠의 오래된 부재는 잔인했다. 시간은 무언의 금칙어를 만들어 자리 잡도록 했다. 그때의 아빠가 내게 보여 준 두터운 등과 지금의 텅 빈 자리 사이에는 너무나 큰 간극이 있었다. 그 잔인한 사랑의 그림자 속에서 나는 오래도록 홀로 방황해야 했다.

* 깊은숨 *

 오늘은 좀 괜찮은 하루였던가 싶으면 시간이 흐르는 게 싫어져서 그냥 또 죽고 싶어진다. 영영 그 시간에 멈추고 싶다는 이유였다. 하기 싫은 일은 하기 싫고, 좋아하는 것만 하고 싶어 하는 어린 애도 아니고서야 이럴 수는 없었다. 당연하려나 싶지만 나는 성인이다. 어른이 되어야 한다는 의미이다. 할 일을 스스로 해내고, 그에 대한 책임을 지는 사람이어야 했다.

 그럼에도 하고 싶은 일만 할 수 있는 시간은 너무 달콤하다. 마음의 간격을 가늠하는 일은 꽤 정교하다. 채워지지 않는 것들을 채워 넣는다고 해도 무작정 올려 쌓기만 해서는 무너지기 일쑤다. 이리저리 좋아하는 것들을 만지작거리고, 좋아하는 것들을 품에 안고 있으면 영원히 어린아이일 것 같은 기분이 들었다. 그제야 조금은 숨이 쉬어졌다. 어른인 척 흉내 내는 것조차 깊은숨을 내쉬고 나서야 해낼 수 있었다.

두 번째 사랑을 마치며
: 숨이 차서, 살아 있음을 느꼈어요

　이번 장을 쓰는 동안, 저는 다시 심장에 물이 차고 숨이 멎는 듯한 시간들을 건넜습니다. 마음속 깊은 곳에 가라앉아 있던 감정들을 꺼내어 문장으로 다듬는 일은, 예상보다 더 아프거나 외로웠거든요. 과거를 정면으로 바라보는 일은 쉽지 않은 여정이었지만, 그렇게 힘겹게 토해 낸 문장들 속에서 살아 있다는 감각을 다시 붙잡을 수 있었습니다. 그래서 저는 오늘도 숨 가쁘게 살아 내기로 했어요.

♡
셋

선과 진
음과 진
앞 마 뒤
          음쳐
          말

진심을 삼키던 순간

(♡)

　실패한 사랑은 설명하고 싶은 것들이 너무 많다. 그래서 실패한 사랑 이야기는 언제나 흥미롭다. 내게 진정한 사랑을 해보았냐고 물어본다면 고개를 갸우뚱할 농도의 것들이다. 그저 누군가를 향해 마음을 보내고는 돌려받지 못하거나, 마음을 받는 것이 어렵던 시절이 있었을 뿐이다. 다정과 애정, 친애, 동경. 그런 것들도 내겐 모두 사랑이었다. 사랑은 내게 언제나 미완의 문장이었고, 나는 끝내 그 문장을 다 써 내려가고 싶었다.

* **열등감** *

하고 싶은 말이 넘쳐서 오히려 주워 담아 문장으로 만드는 것이 어려울 때가 있다. 그것을 잘 풀어내는 것 또한 재능이라고 생각한다. 책을 읽다가 마음을 동하는 문장을 보면 그런 단어를 생각하고 채택해 써내는 재능이 미치도록 부러웠다.

타인과 대화를 나누다 보면 대화가 툭툭 끊기곤 한다. 나는 말하기에는 썩 재능이 없는 편이었다. 새삼스럽게 내 이름을 입안에서 굴려 보았다. 흔한 이름이어서 학창 시절에 같은 이름을 가진 몇몇 친구들이 있었다. 같은 이름인데 나보다 더 나은 것을 지닌 것 같았다. 그게 무엇인지도 모른 채 그냥 그렇게 보였다.

 어느 순간부터인가 거울을 보면 자신의 눈을 마주 보지 못했다. 무엇이든 꾸역꾸역 먹고 마셨다. 손에 묻은 음식을 추접스럽게 빨았다. 무엇을 하고 싶은지 알 수 없는 밤이었다. 결핍으로 가득한 시간과 공간으로 굶주린 배를 채웠다.

 나는 나를 사랑하는 것조차 번번히 실패하곤 했다.

＊ 영원 ＊

 세상에 영원한 것이 있을까 생각하는 것이 요즘의 일상이다. 영원하지 않다는 것 만이 영원하다는 말장난이 우스웠다. 당신도, 나도, 우리의 관계는 늘 변할 것이다. 하지만 그 변화가 서로를 아프게 하는 일은 없었으면 좋겠다.

 나를 조금 많이, 과하다 싶을 정도로 더 좋아해 주고, 돌아봐 주기를 바랐다. 죽고 싶다는 말을 입에 달고 살았어도 실제로 죽으려고 한 적은 없었다.
 '그러니 불안에 혼자 세워 두지 말아 줘.'

입안 가득 채워 머금은 말이었다. 영원하다는 것이 정말 영원하기를 바라는 마음으로 나는 항상 같은 곳에 머물러 있었다.

그러나 그들은 홀로 제 것을 향해 나아가서는 나만이 과거에 서 있게 했다.

♡ 셋

•
당신도, 나도, 우리의 관계는 늘 변할 것이다.
하지만 그 변화가 서로를 아프게 하는 일은 없었으면 좋겠다.

* 기차역 *

 다정한 말은 언제나 주위를 맴돌다가, 이상하게 꼭 필요한 날에 닿았다. 그래서 나는 다정함이 주는 온기가 좋았다. 진심으로 대하지 않아도 진심처럼 느껴지는 것이면 괜찮았다. 본인의 감정도 모른 채로 흘러나오는 말이 그 전부가 될 때가 있다.

 언젠가 기차역 플랫폼의 노란 선 앞에 다가선 적이 있다. 늦은 시간이었기에 열차의 운행은 띄엄띄엄해졌고, 사람의 수는 더욱 뜸해졌다. 사람보다 화물 열차가 더 자주 지나갈 때였다. 심장이 자신의 존재를 입증하려는 것처럼 온몸을 두드려대기 시작했다. 한 걸음씩 노란 선을 향해 움직였다. 너머를 향해, 천천히. 손을 뻗어도 닿을 수 없는 어떤 것에 닿을 수 있을 것 같았다. 다시 한번 화물 열차가 지나간다는 안내 방송이 울렸다. 곧이어 멀리서부터 점점 굉음이 다가왔다. 그것은 온몸이 떨리는 것에 대한 훌륭한 핑계가 되었다.

철로 위를 긁는 기척이 뼛속을 울렸다. 뒷걸음질을 쳤다. 두려움과 욕망, 어떤 포기의 순간이었으며 동시에 본능에 가까운 회피였다. 식은땀과 눈물로 범벅이 된 얼굴에 손을 비벼댔다. 그리고 곧 다른 열차가 플랫폼으로 들어왔다. 내가 타야 하는 기차였다.

열차 승무원은 눈을 아래로 내리깐 나를 직시하며 즐거운 여행이 되기를 전했다. 분명 그의 입안에 수천, 수만 번 반복적으로 새겨진 문장이었겠지만 뭔가 달랐다. 마치 정말로 나를 위한 말처럼 느껴졌다. 두 발을 붙이고 서 있다는 현실감이 느껴졌다.

세상에는 다정한 사람이 너무 많다.

+ 플레이리스트

"내 마음은 종잇장 마냥
어느새 젖어버리기만 해"
- 〈헤엄쳐야해〉, 이병현

바다, 헤엄, 도망, 제가 좋아하는 단어들로 모여진 가사입니다. 마치 제 인생 어느 장면에 나올 수록곡처럼 느껴졌어요. 인생에서 도망치고 싶을 때 듣고는 하는데, 뮤직 비디오의 마지막은 결국 도망치지 않고 시선을 마주한다는 점에서 무척 멋있다고 느꼈습니다. 삶이 내게 주어진 것이든, 떠안겨진 것이든 내 몫을 살아 내야 하는 것이니까요. 결국은 마주볼 용기를 낸다는 게 좋습니다. 저에겐 없는 것들이 부러울 때가 있어요.

* 잔열 *

 잡았다 놓은 손에 남은 잔열은 오래도록 마음 한구석을 데우며, 때로는 차갑게 식었다가도 다시 타오르곤 했다. 돌아올 수 없는 시간 속에 내가 외면해 버린 마음이 머무르게 된 것에 깊은 미련을 품었다. 미적지근하다가도 다시금 뜨겁게 달아올라 무수한 밤을 후회로 뒤척이게 했다. 그러나 시간이 흐르며 지나간 일을 제자리에 두는 방법을 조금씩 알게 되면서 점차 잔열조차 식어 갔다. 그것을 깨닫기까지 꽤 오랜 시간이 소요되었다. 지나간 사랑은 놓아주고 받아들이는 과정이 필요했다. 그 무엇도 남기지 않고, 그저 어떤 온도의 기억만이 남는다.

그를 떠올릴 때마다 타인의 행복을 빌어주는 사람이 되기로 새롭게 다짐한다. 한때는 나를 흔들고 또 흔들던 파도였지만, 이제는 잔잔히 나의 평화를 허락하는 의식이 되어 주었다.

나는 이제 너를 온전히 마주 볼 수 있다. 미련이나 후회 한 점 없이, 서툴지 않게 담담히.

* 여름 과일 *

 나의 태몽은 강가에 흘러가는 과일을 건져 올린 것이라고 했다. 그 과일이 배인지, 복숭아인지, 사과인지는 모른다. 엄마의 말로는 복숭아라고 했지만 몰래 본 다이어리에는 배라고도, 사과라고도 적혀 있었다. 사실 그 과일이 무엇인지는 중요하지 않았다. 얼마나 느긋하게 흘러갔으면 그걸 손으로 건져 올렸던 걸까. 여름 과일을 꿈 꾸던 주제에, 나는 왜 겨울에 태어난 걸까. 차라리 수박 같은 거라서 주워 올리지도 못하는 게 어땠을까 싶었다. "엄마, 나는 왜 낳았어?" 하고 물었을 적, 썩 마음에 드는 대답이 나오지 않았던 것으로 기억한다. 언제나처럼 언니 이야기부터 나왔기 때문이었다.

　나는 엄마의 품에 있을 때부터 느렸던 것 같다. 느린 걸음, 느린 생각, 느린 말투. 내 세상은 느리게 흘러가는 시간을 좋아하지만, 뒤처지는 것을 원하지는 않았다. 창문 너머 보이는 아파트의 모든 불빛이 꺼진 새벽이었다. 잔잔한 음악 재생 목록과 선선한 선풍기 바람, 따뜻한지는 모르겠지만 어쨌든 밝게 빛나는 인공 햇빛이 깃든 식물등. 초록 파랑 검정 그 속에서 뭉개지는 마음이 있었다.

앞선 마음과 뒤처진 말

●
여름 과일을 꿈 꾸던 주제에, 나는 왜 겨울에 태어난 걸까.

* 책임 소재 *

　세잎클로버는 행복, 네잎클로버는 행운. 행복 속에서 행운을 찾지 말라는 말이 언젠가 떠돌았던 때가 있다. 그러고도 얼마의 시간이 지나서야 나는 행운을 바라는 마음을 놓아줄 수 있었다. 그러나 행복은 쉽사리 놓을 수 없었다. 그조차 놓아 버린다면 무엇을 쥐어야 할지 알 수가 없었다. 하루가 벅차게 행복하길 바라다가, 그 또한 어렵다고 느낄 때에는 잔잔한 행복이 하루를 빼곡히 채우기를 바랐다. 지금은 어디까지 놓아야 할지 알 수가 없어서 혼란스럽다.

서로의 책임이 되는 일이 온전히 너의 책임은 아닐 것이다. 벅찬 사랑 노래나 사무치게 슬픈 이별 노래 중 무엇도 우리의 주제곡으로 삼고 싶지 않았다. 가끔은 너무 무서웠다. 우리는 우리인데 혼자서 하는 것들이 많아질 때 더 그랬다. 감정의 장난을 온몸으로 느낄 때 사랑이 참 거창하다고 생각했다. 그렇게 살아가고, 사랑하는 일이 늘 아팠다. 어디까지 사랑해도 되는지 알 수가 없어서 혼란스러웠다. 나는 모든 것을 주고 싶은데, 당신은 그걸 바라지 않는 것 같아 두려울 때가 있다.

☀ 수취인 불명 ☀

어느 순간부터 주변 사람들과 편지를 주고받고 있었다. 아마도 대학 친구들과 크리스마스 엽서를 써서 교환하기로 했던 게 시작이었던 것 같다. 이후로 나의 취미 목록에는 편지 쓰기가 새로 등재되었다. 대부분은 연인이나 친구에게 편지를 부치고는 했지만, 종종 목적 없는 편지도 써 내려갔다. 수취인이 없는 편지는 내게 돌아와 다시 내 것이 될 거라는 걸 알면서도 편지지 첫 줄에 내 이름을 쓰지는 않았다. 그랬다가는 상투적인 문장이 나열될 것이 뻔했다. 고생이 많아, 어떻게든 살아보자 하는 것들 말이다.

시간이 지나자 편지를 쓰는 대상들이 늘어가기 시작했다. 답장이 오지 않아도 괜찮았다. 아예 전하지 못하는 것도 나쁘지 않았다. 집에는 항상 편지지가 구비되어 있었다. 발음되는 언어로 표현을 잘하지 못하는 나는 볼펜 심을 굴릴 때 비로소 마음이 세상을 향해 쏟아져 나왔다. 어느 날은 문득, 그것이 유서 같다는 생각을 했다. 생각나는 이름들에게 편지를 써 내려가기 시작했다. 모두에게 전하고 나면 사라질 용기가 생길 것 같았다.

실수로 흘린 척, 마음을 다 비워 내고 나면 언젠가는 정말 그럴지도 모르겠다는 생각을 했다. 그렇게 부치지 못하면서도 쓰인 편지는 누군가를 향한 그리움이자, 내가 사랑했었다는 증거가 되었다. 언젠가 편지지 안의 글자가 흐려져도, 그곳에 쓰인 마음만은 사라지지 않을 것이다. 전하지 못해도 사랑은 남아 있는 것이니까.

•
언젠가 편지지 안의 글자가 흐려져도,
그곳에 쓰인 마음만은 사라지지 않을 것이다.
전하지 못해도 사랑은 남아 있는 것이니까.

* 점멸 *

내 인생은 반짝거린다. 아름다운 야경이나 눈부시게 쏟아지는 별빛 같은 것이 아니라 정말 반짝, 점등되었다가 꺼지기를 반복했다. 어떤 것에도 꾸준히 정을 붙이지 못했기 때문이다. 상반되는 말이지만 꾸준히 흥미는 있었다. 언젠가는 소품 가게를 구경하기를 좋아했고, 또 언젠가는 뜨개질을, 독서를, 운동을, 끊임없이 무언가에 기웃댔다.

현재 가장 좋아하는 것은 식물이다. 베란다 한쪽에 패브릭 포스터를 걸어 놓고 식물을 위한 선반과 식물등, 식물을 잔뜩

열 세워놓았다.

고사리 식물을 햇빛을 좋아하지 않는다고 알려 있지만, 양지에서 키워야 하는 것들도 있다. 공통적으로는 물을 좋아하는 것 같다. 오랜 시간 고민하여 들여온 마오리 소포라는 새잎을 내어 주어 나를 큰 기쁨에 물들게 하기도 했다. 싱고니움과 몬스테라, 호야처럼 초보 식집사가 키워도 잘 죽지 않는 것들도 있다. 이들은 식물을 들이기 시작한 지 얼마 되지 않았을 때 처음 선반 위에 자리를 잡았다.

현재 가장 눈이 많이 가는 것은 목마가렛이다. 사랑한다, 안한다, 하고 꽃점을 치는 식물로 알려져 있다. 꽃송이가 계란을 닮아 그 생김새도 꽤나 귀엽고, 줄기가 너무 높이 자라지 않는 부분도 좋았다. 그러나 야생화라서 그런지 꽃을 만개한 채로 생기있게 키우는 것이 너무 어렵다.

오늘도 타이머를 통해 시간을 맞춰 놓은 식물등이 자동으로 켜졌다가, 때가 되면 꺼진다. 그렇게 또 점멸한다. 그 빛이 오랫동안 마음 한 켠을 밝히기를 소망했다.

* 파도 *

 금방 또 이러다가 말 것이 분명한 새벽이었다. 그러나 평생을 이렇게 출렁대며 산다면 어떻게 인생을 살지 막막해졌다. 사랑도 언제나 그렇게 왔다가 가고는 했다. 나는 매번 파도를 맞이하는 사람 같았다. 오고 가는 마음에서 어느새 물에 잠기기도 하고, 물러간 자리에 덩그러니 남겨지기도 했다.

 주기적으로 병원도, 상담도 다니고 있지만 나는 내가 변하지 않을 것 같았다. 영영 거센 물살을 맞으며 잠겨 죽지 않는 바다에서 숨을 쉬려고 할 것이다. 아무런 일도 없는 하루였기 때문에 더 그랬다. 오히려 행복하다면 행복한 쪽에 가까웠는데, 나는 그런 때에도 빠짐없이 빼곡하게 죽고 싶었다. 그 순간을 함께하고자 하는 노력보다 멈춰 서기를 선택하는 사람들이 원망스럽지는 않았다. 불확실한 미래에 대한 불안을 잠재우는 방법이 그것뿐이라면 말이다.

도망친 곳에는 낙원이 없다고 했다. 낙원을 향한다는 것은 지금 발 딛고 서 있는 곳이 곧 지옥과 다를 바 없다는 사실을 알고서 하는 말처럼 느껴졌다. 그래서 나는 끊임없이 도망칠 것이다. 나의 낙원으로, 뭍으로. 파도가 치는 바다 한가운데가 아니라 이를 관망할 수 있는 자리로 기어 나갈 것이었다. 그래서 사랑을 해도 그것에 휩쓸리지 않는 사람이고 싶었다.

앞선 마음과 뒤처진 말

•
나는 끊임없이 도망칠 것이다.
나의 낙원으로, 뭍으로.

* 담배 향 *

우울할 때면 연락하라던 사람이 있었다. 단정한 자세는 아니었던 그는 여름밤 담배의 잔향이 맡아질 때마다 연기처럼 떠오르곤 했다. 술을 마시고 약도 삼키고 눈물까지 넘겼을 때 발신된 번호, 아무렇지 않게 수신하는 전화에서 구겨진 마음이 잠시 펼쳐질 수 있었다. 그는 아무 저항도 없이 마음 깊은 곳에 정확히 안착했다. 나는 준비도 없이 그를 맞이했고, 그는 미처 알지 못했던 마음의 빈자리에 준비된 것처럼 앉았다. 이후로 소유할 수 없는 무언가를 품고 사는 사람이 되었다.

그 감정을 사랑이라 부를 수는 없었다. 그와는 다른 다정하고 조용한 마음이었다. 사람을 잘 받아들이지 못하는 나는 이제 그를 환대할 준비가 되어 있었다.

그러나 이는 나 홀로 품은 친애였다는걸 이별과 함께 알게 되었다. 누군가를 마음에 들이기 위해서는 적당한 시간이 필요하다. 어느 한쪽에 맞춘 것이 아닌 양쪽 모두에게 충분한 시간 말이다. 그가 남긴 것은, 사람이 떠난 자리는 공허까지 감당할 수 있어야 한다는 깨달음이었다.

* 젖은 어깨 *

학교가 끝나고, 나는 운동장 한쪽에서 빗속을 멀뚱히 바라보고 있었다. 다른 아이들은 하나둘 부모의 손에 이끌려 우산 속으로 사라졌다. 엄마의 사정을 이해한다고 말하면서도 매번 마음 한편이 축축하게 젖었다.

시간이 지나, 아르바이트를 하던 중 무심히 창밖을 내다보던 날이었다. 비가 왔다. 한 여학생이 걸어가고 있었다. 우산도 없으면서 개의치 않다는 듯, 어깨도 웅크리지 않고 머리를 손으로 가리는 시늉도 하지 않으며 비를 뚫고 걸었다. 그 초연한 뒷모습을 오래도록 바라보았다. 괜찮다는 듯 걸어가는 뒷모습에 정말 괜찮으냐고 묻고 싶었으나 용기가 부족했다. 그때 알았다. 나는 그런 사람들을 보면 자꾸 우산을 건네고 싶어진다. 어쩌면, 그런 사람이 나로 비춰 보이기도 했던 것 같다.

비가 오던 퇴근길이었다. 집에 거의 다다랐을 즈음 마지막 횡단보도 하나만을 남겨 둔 상태였다. 신호를 기다리며 서 있는데, 한 남자가 다가와 기다리는 사람이 있냐고 물었다. 늦은 시간이라 경계를 하며 조심스레 고개를 저었다. 그런데 다시 말을 걸었다. 우산을 가져와 줄 사람이 있느냐고, 자신의 우산을 내 어깨를 향해 기울였다. 나는 괜찮다고 했다. 집이 코앞이라, 그냥 적당히 맞고 갈 수 있을 것 같다고 했다. 때마침 신호등에 초록불이 들어왔다. 나는 횡단보도를 건넜고, 슬그머니 뒤를 돌아봤다. 그는 더 이상 나를 보지 않았다. 마치 처음부터 아무 일도 없었다는 듯, 천천히 제 길을 걷고 있었다. 우산 속 그의 뒷모습이 빗속으로 번지며 사라졌다.

어떤 이의 젖은 어깨가 예전의 내 어깨처럼 느껴지던 순간이 누구에게나 있는 것인지, 마음이 아린 날이었다.

앞선 마음과 뒤처진 말

•
괜찮다는 듯 걸어가는 뒷모습에 정말 괜찮으냐고
묻고 싶었으나 용기가 부족했다.

* 불발 *

휴대전화와 케이스 사이에 끼워두었던 만 원이 사라졌다. 복권을 사려고 꺼내 두었던 지폐 한 장이었다. 어딘가에 흘렸거나, 카드를 꺼내다 떨어졌을지도 모른다. 계산대에 그냥 두고 나왔던 것도 같다. 이상하게도 아깝다는 생각이 들지 않았다.

나는 원래 그런 편이었다. 뭔가를 잃어버리면 나다운 행동을 한 것 같이 느껴졌다. 조금은 덤덤하게, 어쩌면 체념한 듯이 그랬다. 그러다 퍼뜩 깨달았다. 나는 늘 무언가를 잃어버리며 살아왔다.

그렇게 사라진 것들이 많다. 시작될 수도 있었고, 어쩌면 이미 시작했었던지도 모를 것들이었다. 확신이 없던 그 언어들, 조심스럽던 시선, 이름 붙일 수 없어서 잃어버린 것의 목록에도 쓰지 못했다. 그래서 불발이었다. 정식으로 살아 본 적 없는 마음, 그래서 이별조차 제대로 못 해본 감정들의 아름답지 않은 꺼져 버림이었다.

잃어버린 만 원 한 장에 참 많은 생각을 품는다. 사실은 아까웠던 것 같다. 만 원도, 감정도.

* 잔향 *

그는 아무 말 없이 내 걸음보다 한 발치 먼저 걸어 나갔다. 정확히는, 아무 말도 하지 못할 정도로 나에게서 멀어져 있었다. 그는 돌아보지 않았다. 그런 그를 내가 부르지 않은 건, 멀어지는 등을 바라보며 끝이라고 말하지 않은 건, 미련이었다. 나만 입을 열지 않으면 멀었다가 가까워지기를 반복할 것이 분명했다. 언젠가는 끊어질지도 모를 관계였지만 내가 스스로 정리하고 싶지 않았다.

그날 이후, 평소처럼 하루를 보내는 데에 큰 문제는 없었다. 하지만 밤의 중력을 홀로 견디는 날, 여름밤 차갑게 피어오르는 담배 냄새, 휘어지게 웃던 눈꼬리를 보면 문득 그의 뒷모습이 스쳐 지나가곤 했다. 그리고 나는 매번 그를 다시 한번 불러보지 않았던 날을 떠올렸다. 그러니까 그건 이별이 아니라, 감정이 남아 멈춘 장면이었다. 끝난 것이 아니라 끝내지 못한 감정이었다.

모든 것을 시작한 것은 나 혼자 한 일이 아닌데, 왜 그 끝은 나 홀로 감당해야 하는지 납득이 잘 안되었다. 나는 여전히 많은 것을 돌아보며 홀로 멈췄다.

+ 플레이리스트

> "난 네게 말하고 싶어
> 너를 사랑하고 있다고"
> - 〈시작〉, 박기영

대구의 한 음악 감상실에서 웅장한 스피커로 듣게 된 후 반한 노래입니다. 어떤 감정들은 세월도 잊은 것처럼 존재한다고 생각합니다. 사랑이 사랑이라는 것을 어쩌면 저렇게 솔직하게 고백할 수 있을까요. 사랑을 사랑이라고 말하지 못하면 그건 사랑이 아니겠지요. 예쁜 단어에 마음을 담는 것만이 달콤한 고백이라고 생각하던 저에게 신선한 충격으로 다가왔습니다.

* 춤 사위 *

    사랑스러운 우정 위에서 나는 늘 흔들렸다. 그 모호한 경계 위에서 길을 잃은 마음이 방향을 찾아댔다. 나는 그 경계가 흐릿하다는 이유로 어디로 넘어져도 상관없다는 듯 굴었다. 때로는 지나치게 다가가 상대를 당황하도록 했고, 내키지 않은 때에는 뒤로 물러나 움츠려 있었다. 그 과정에서 마음의 선을 넘나들며 새겨 넣은 상처가 그에겐 얼마나 깊었는지는 구태여 생각하지 않았다. 내겐 그저 즐거운 춤 같았다.

서로 다른 감정은 우정과 사랑 사이 어딘가에 머물렀고, 나 자신도 그것을 해석하지 못했다. 그러나 그는 어느 순간 명확한 선을 제시했고, 나는 그 경계에 걸려 넘어지고 말았다. 나는 무릎이 깨지고 다쳐야만 깨닫는 사람이었다. 내가 건넨 마음의 모호함이, 그가 받았을 상처가 영영 잊히지 않을 것 같다.

이제는 모호한 경계 위에서 춤을 추지 않는다. 나는 이제 그 경계를 더 명확히 보고, 상대를 다정히 대하기 위해 노력한다. 그리하여 다시는 누구도 다치지 않기를 소망했다.

앞선 마음과 뒤처진 말

•
나는 이제 그 경계를 더 명확히 보고, 상대를 다정히 대하기 위해 노력한다.
그리하여 다시는 누구도 다치지 않기를 소망했다.

* 난제 *

'나를 사랑한 적 있나요?' 입 밖으로 뱉을 수 없는 그 질문을 수없이 반복했다. 애써 모른 척했던 것들이 무너질까 두려웠다.

'내가 정말 보고 싶었어요?' 그저 다 자라서 완성된 인간 하나를 만들었다는 뿌듯함에 살고 싶었던 건 아니었을지 의심스러웠다.

진정 나를 사랑하지 않았다는 사실보다, 그걸 직접 확인받을 순간이 더 무서웠다. 나에 대한 그리움보다, 완성된 가족 구성원의 전시가 먼저일 것 같아 화가 났다.

그럼에도 사랑을 찾고, 애정을 탐하고, 가족을 흉내 냈다. 세상에 존재하는 모든 아빠는 약속된 사랑인 줄 알았다. 침묵의 존재 그대여, 사실 약속조차 없었던 건 아니겠지요. 우리의 약속인지, 나 혼자만의 갈망이었는지 이제는 잘 모르겠어요.

세 번째 사랑을 마치며
: 지나간 사랑이었음을 몰랐어요

 사랑의 정의를 찾아 헤매는 나에게 사랑을 잃었다는 자각조차 없었던 시절이 있었습니다. 다정, 동경, 친애로 여긴 채 흘려보낸 마음들이 제 안에 조용히 쌓여 있었다는 걸 이제야 깨달았어요. 그때는 미숙해서 그랬다고 해도, 지금이라고 다를 수 있을지 잘 모르겠습니다. 그래서 겁이 나요. 결국, 모든 것이 사랑이었다는 걸 저는 아주 많은 사람이 지나고서야 이해하게 되었습니다.

♡

넷

살아가는
사 람 의
마　 음

끝내 사랑에 기대는 순간

(♡)

나는 여전히 어딘가 고장 난 부분이 있다. 그러나 어떤 사랑으로 하여금 나를 한동안 버티고 서 있을 수 있게 했고, 그것으로 사랑의 형체를 찾아 헤매었다. 사랑의 결말이 결국 나를 눈물 짓게 하더라도 남아 있는 온기는 몸에 스며들었다. 언제든지 넘어지고 쓰러지며 지쳐서 일어나지 못하는 상태가 되어도 이내 괜찮아질 것이다. 그렇게 끝끝내 세상에서 존재하고야 말 것이다.

* 답신 *

 몸과 마음을 붕 떠오르게 만드는 행복감은 거짓말처럼 나를 스치고, 남은 것은 볼품없는 인간 하나였다. 나는 언제나 질문을 던지는 사람이었다. 인간은 왜 사는 것일까요? 버텨 내기까지 하면서 살아야 하나요. 담담한 답변이 돌아왔다. 네, 그러면 좋겠어요. 다소 기계적이었지만 한 자 한 자 무게를 실어 쓴 것이 느껴지는 글에 흔들리는 마음이 가라앉았다. 나도 내가 살아 내는 것이 아니라 그저 살아가는 인간일 수 있으면 좋겠다.

살아가는 사람의 마음

•
버텨 내기까지 하면서 살아야 하나요. 담담한 답변이 돌아왔다.
네, 그러면 좋겠어요.

✷ 다이어리 ✷

이번 해에는 다이어리를 사지 않으려 했지만 무슨 변덕인지 작년에 이어 6년 동안 꾸준히 사 버렸다. 달력 첫 글자부터 잘못 적어 버리는 실수를 범했고, 박박 찢어 버리고 싶은 마음이 가득했지만 그러지 않기로 했다. 새해 목표처럼 거창한 건 아니지만, 내가 나에게 조금 더 너그러웠으면 좋겠다는 생각을 늘 품고 있어 이제는 그걸 실천해 볼 생각이었다.

나는 얼마나 성장한 어른일지 늘 궁금하지만 왜 살아야 하느냐 외치던 어린 날의 나와는 한 발짝 멀어진 것 같다. 여전히 그 정답은 찾지 못했지만, 찾아도 찾지 못해도 시간은 흘러가고 나는 주어진 삶을 품 안에 가득 안아야 한다는 것을 이제는 알기 때문이다. 때로는 그만하고 싶을 때도 있겠지만, 늘 그렇듯 나는 끈덕지게 살아 낼 것이다.

다이어리에 일정을 정리하며 내 마음도 잘 정리하여 덜 어지럽혀져 있는 해가 되기를 바랐다. 언제까지고 살아 나가야 하는 것이 삶이라면 나는 조금 더 잘 살아 내고 싶다.

* 마음 *

언젠가부터 여름이 아닌 단어로 여름을 시사하는 것들이 생겨났다. 토마토, 칵테일, 윤슬, 능소화, 구원, 장마, 영원, 여름, 여름, 여름. 나의 여름은 푸른 고요, 녹음, 하늘, 바다, 부서지는 파도. 그런 열병들로 성장하는 생명이었다.

긴 문장으로 소비하지 않고도 한 단어만으로 설명되는 무언가가 있다. 여름, 얼음, 어른. 비슷한 어감의 것들도 한데 묶어 또 다른 마음이 된다.

바다에 가면 늘 하는 일이 있다. 작은 돌멩이를 주워 모래사장에 이름과 날짜를 새기는 일이다. 영원이 영원할 수 없다는 말이 슬픈 요즘, 사람이 숫자를 새기는 일은 그 시간이 영원으로 박제되기를 바라는 마음이 있어서가 아닐까 생각을 했다.

영원이 영원할 수 없다는 말이 슬픈 요즘, 사람이 숫자를 새기는 일은
그 시간이 영원으로 박제되기를 바라는 마음이 있어서가 아닐까 생각을 했다.

* 몬스테라 *

　내게 몬스테라는 뭣 모르고 주워온 문방구 앞 병아리 같았다. 분명 그들은 생명이었다. 하지만, 덜 자란 인간이 지닌 돌봄에 대한 책임감은 하룻밤 자고 일어나면 영영 잠들어 있을 병아리와 같은 무게였다. 차이점이 있다면 초록에는 엄청난 생명력이 내재되어 있었다는 것이다. 죽지 않은 생명을 내칠 수는 없는 법이었다. 시간의 흐름에 따라 끝없이 새로운 줄기와 그의 공중 뿌리가 뻗어 나갔다. 이에 따라 자연히 가지치기를 하게 되면서 몬스테라 화분의 개수도 늘었다. 나중에서는 화분의 여유도 없어 큰 페트병을 잘라 물꽂이를 해 두기도 했다. 그러나 그조차도 잔뿌리를 끝없이 내리다가 이내 또 줄기를 뻗었다. 얼마 지나지 않아 이 생명력의 놀라움에 질려 버리고 말았다.

다른 식물들을 더 들여오면서 몬스테라와는 점점 데면데면해져서 있는 듯 없는 듯 굴다가 때때로 잠시 들여다보고는 말았다. 그러다 언제나처럼 우울에 잠겨 마음이 궁지에 몰렸을 때가 있었다. 화분에 물 주는 것조차 오지 않았으면 하는 일정이 되어버렸다. 식물을 들여다보던 짧은 시간에도 바닥을 굴러다니며 멍하니 그 너머의 창밖만 바라봤다. 지친 마음에 이제 그만 아무것도 모르는 척 시들어 주었으면 좋겠다는 생각을 하기도 했다. 그러면 어쩔 수 없었다는 핑계로 알게 모르게 옥죄어 왔던 책임감까지 쓰레기통에 버릴 수 있지 않을까 했던 것 같다. 그렇다고 잘 살아 있는 생명을 내 손으로 직접 죽이기에는 죄책감이 들었다. 그래서 생각해 낸 해결책은 나름대로 열심히 분갈이해둔 화분 여럿을 주변 사람들에게 나누어 주는 것이었다.

몬스테라를 선물했던 신규 선생님에게 라벤더와 로즈마리

과 식물을 답례로 받았다. 사실은 나의 책임을 떼어서 떠안겨 드린 것이었는데, 그 마음이 다정이 되어 돌아온 것이 퍽 당황스러웠다. 나의 더러운 부분을 들켜 버린 것 같은 창피한 마음이었다.

얼마간 화장실에 놓여 있던 마지막 남은 몬스테라에서 작고 못생긴 잎이 펼쳐졌다. 예뻐하지 않아 못나게 보는 것이 아니라, 제대로 된 햇빛을 받지 못해 정말 작고 못생긴 잎이었다. 가만히 다른 잎들을 살펴보니 하나같이 처음 마주했던 둥그런 하트 모양과는 조금씩 동떨어진 모습을 하고 있었다. 그나마 가장 애정을 쏟았던 시기에 자랐던 구멍 두 개의 잎만이 그럴듯한 모양새였다. 초록은 나의 소홀함을 알아채는구나. 또 마음이 찔렸다. 그제서야 도덕적 양심에 의한 죄책감이 아닌, 명확하게 이 작은 생명에게 미안함이 들었다. 이제는 시간을 들여 돌볼 테니 언젠가는 마음을 풀고 예전의 모습을 보여 주었으면 좋겠다.

* 문장 *

손 글씨에는 온기가 남아 있다는 착각을 불러일으키는 장치가 숨겨져 있는 것만 같다. 힘을 주어 눌러쓴 획마다 숨결이 배어 있고, 삐뚤게 쓰인 글자 사이에 그날의 마음이 기대어 있다. 오래전의 편지를 일부러 꺼내어 읽고는 한다. 그러면 그 시절의 공기까지 지금에 이끌려 나온다. 차마 하지 못한 말도 종이 위에서는 거리낌이 없었다. 담담하게 놓인 문장들은 마음에 밀도를 높였다.

옛날에 쓰인 편지글들을 보면 그만큼의 낭만이 있었다. 우린 편지를 주고받는 사이가 아니었지만, 그랬더라면 어쩌면 우리의 이야기는 다른 결을 가졌을지도 모른다는 생각을 한다. 간직하는 사람만이 아는 무게가 있다. 속마음을 나누는 동안 무언가를 이루어내지 못했더라도, 낭만 넘치는 과거를 품을 수는 있었을 것이다. 당신은 편지를 간직하는 사람일지, 정리하는 사람일지 궁금해져 온다. 나는 간직하는 사람이라고 괜히 말해 본다.

＊ 휘낭시에 ＊

    정제 탄수화물 즉, 흰 음식에 푹 빠져 있다. 다시금 잘 표현하면 달콤한 디저트를 좋아한다. 밥 대신 제과나 제빵으로 끼니를 때울 때도 있었는데, 금세 살이 쪄서 그만두기로 했던 적도 있다.
    인생으로 처음 먹었던 크림 브륄레 맛의 감동은 다시 겪을 수 없었다. 그렇지만 여전히 크림 브륄레를 좋아한다. 요즘에는 까눌레에 반해 있다. 겉은 파삭하고 속은 촉촉하여 그야말로 '겉바속촉'을 이루는 진정한 디저트이다. 에그 타르트는 진열대에 없으면 이상할 정도로 아주 기본으로 있어야 할 것이라고 생각한다. 그러면 나는 그걸 꼭 하나 사서 먹으며, 기본이 맛있는 곳이 다른 것들도 다 맛있다는 말을 믿었다. 그럼에도 휘낭시에는 별로인 것 같다고 생각했다. 길쭉하기만 한 것이 어디서 맛을 느껴야 할지를 몰랐기 때문이다.

집 앞 도보 거리 내에 카페가 있다. 그 시기에는 카페에 자주 들르던 때였다. 사장님께서 휘낭시에를 서비스라며 손에 쥐여주셨다. 감사하다 말하고 웃으며 받았지만 먹을 때는 역시 내 취향은 아니라고 생각했다. 그러던 어느 날부터인가 사장님이 보이지 않았다. 대신 다른 사람이 서 있었는데, 남동생인가 싶었다. 사장님과 말투도 몸짓도 어딘가 닮아 있었기 때문이다. 괜히 크림치즈 휘낭시에를 샀다.

맛있었다. 무언가 설명할 수 없는 달큰한 맛이었다. 웃기다. 분명 휘낭시에는 맛없다고 생각했었건만. 어쩌면 그때 사장님이 준 휘낭시에는 단순히 내가 좋아하지 않는 재료가 들어갔었던지도 모른다. 작은 인연의 상실에도 그리워하며 지나간 인연을 음미하는 일이 감성에 젖게 했다.

•
무언가 설명할 수 없는 달큰한 맛이었다. 웃기다.

* 자격 *

오래전부터 나는 자격을 묻는 습관을 버리지 못했다. 나의 존재가 가치로 환산될 수 있는지, 무엇을 해내야 겨우 어떤 품에 안길 수 있는지, 끝이 없는 계산을 해 왔다. 사랑받기 위해서는 더 착해야 하고, 더 나아져야 하고, 더 단단해야 한다는 믿음이 나를 괴롭게 만들었다. 그러나 정작 내 안에는 빈 틈이 가득했고, 그 빈틈은 사랑보다는 스스로에 대한 혐오로 자리를 메웠다. 인생을 포기하지 않았다는 것, 그래서 살아 있다는 이유 하나만으로 누군가의 애정을 받을 자격이 생겼으면 좋겠다고 늘 생각했다.

여전히 확신은 없지만, 살아 있다는 것 자체가 가장 다정한 답변이라는 것을 이제는 알고 있다. 그럼에도 포기하지 않고 맞이한 하루의 고요한 숨결은 내게로 돌아와 작은 증언이 되어줄 것이다. 나는 아직 살아 있고, 살아 있다는 것은 충분한 증명이다.

사랑은 생각만큼 거창하지 않은 것 같다.

* 유채꽃 *

　나의 쾌활, 명랑, 희망, 당신. 내 편지의 주된 수령인 그대여. 당신이 사랑을 물었을 때 한 차례 내 세계가 흔들리는 것 같았다. 어떤 대답을 했었는지 기억이 잘 나지 않는다. 그렇지만 분명 횡설수설했었을 것이 분명하다. 이후로 나의 사고는 인생의 목적을 찾는 것에서 그치지 않았다. 인생을, 사랑을, 다정을 찾았다. 실체 없이 존재하는 단어들은 나를 항상 혼란스럽게 했다. 어렴풋이 알 것 같았다가도 어느새 보면 저 멀리 도망가 있었다. 세상은 달콤하게 포장해 놓은 사탕처럼 그들을 대했다. 그러나 입안 가득 음미하다 보면 썩은 과실

마냥 끝이 쓰다는 것을 알려 주지 않았다. 분명 사랑이라고 느낀 무언가가 있었지만 언젠가 그 사랑은 또 나를 아프게 했다. 그럼에도 나는 당신을 보며 끝없이 사랑할 것이다.

살아가는 사람의 마음

•
나의 쾌활, 명랑, 희망, 당신. 내 편지의 주된 수령인 그대여.

+ 플레이리스트

> "이리와 나를 꼭 안자
> 오늘을 살아 내고 우리 내일로 가자"
> – 〈난춘〉, 새소년

    좋아하는 사람의 플레이 리스트가 저와 겹치는 부분이 많다면 벅차게 행복해진다는 걸 아실까요. 공통된 무언가를 안고 있다는 게 큰 기쁨이었습니다. 대학의 과 건물 앞 벤치에 나란히 앉아 틀어 두던 노래, 그때 불어오던 바람을 당신은 기억할까요. 저는 늘 추억을 먹으며 살아 내고는 합니다. 뜨거웠던 그 태양이 이제서 돌아보니 눈부시게 찬란했던 것 같습니다.

* 애장품 *

생일을 맞이하며 출발한 짧은 여행을 끝마치고 집으로 돌아오던 길이었다. 아침 일찍 열탕에 몸을 담그니 노곤해져서 돌아오는 차 안에서는 내내 잠이 왔다. 잠과 음식 중 선택을 하라고 하면, 나는 기분에 따라 다른 사람이었다. 이번에는 예쁘게 차려진 음식을 먹고 싶어서 작은 동네 카페에 들렀다. '스트로베리 브런치'를 먹고 나니 포만감이 엄청나서 이러다간 배가 터질지도 모른다는 농담을 했다. 기분이 즐거웠다.

손에 잔뜩 들려 있는 생일 선물을 얼른 열어 보고 싶어서 시간이 흐르기를 바랐다. 기다리던 시간에 당도하자 마음이 설레었다. 막상 포장을 까 보니 쓰기 아까운 것들이 가득했다. '그래도 열심히 써야지, 아껴서.' 하고 다짐했다.

내내 운전기사를 자처했던 그는 피곤함에 절여져 방 한구석에서 몸을 늘어놓고 코를 골고 있었다. '이 사람도 아껴서 잘 데리고 다녀야지, 평생.' 하고 생각했다.

* 까미 *

 인간이 무언가를 좋아하도록 하는 마음에 영향을 미치는 것은 무엇일까.

 작고 늙은 검은 강아지가 침대 위에서 여름 이불을 바스락대었다. 선풍기의 바람 때문인지, 강아지 꼬리의 움직임 때문인지 그 바스락거리는 소리는 끊임없이 이어졌다. 침대에서 몸을 일으키는 것만으로 온 집안이 다 보이는 작은 월세방에 강아지 한 마리. 오며 가며 배변 패드가 얼마나 적셔 있는지 확인하고, 물은 얼마나 남았는지, 밥은 다 먹었는지 관찰했다. 주기적으로 양치를 시키고, 자다가 몸부림을 치면 괜찮은

지 한 번 더 살펴보아야 했다. 나를 돌보는 것보다 강아지를 더 살폈다. 푸들은 강아지치고 지능이 꽤 높은 편이라고 했다. 얼른 더 나이를 먹어서 말도 하고, 숫자도 떼고, 대학도 가야지. 우스갯소리로 속삭였다. 하지만 그 이상의 시간을 함께 해 주기를 바라는 것은 진심이었다.

당신에게도 이 세상에 마음 붙이고 발 묶여 살 수 있도록 해 주는 존재가 있었으면 좋겠다. 서로가 각자의 세상이 되어 주는 관계란 얼마나 찬란한가. 들쭉날쭉한 기분을 안고 살아가지만, 어떻게든 살아 내는 인생을 위해서는 세상에 미련을 많이 남겨 두어야 한다.

살아가는 사람의 마음

• 하지만 그 이상의 시간을 함께해 주기를 바라는 것은 진심이었다.

빗소리

 창문을 두드리는 빗소리에 잠이 깨어, 한동안 그대로 누워 소리에 귀를 기울였다. 일정하지 않은 속도로 속삭이듯 내리는 빗줄기는 마치 당신과 나의 대화를 닮아 있었다. 비 오는 날 창밖을 내다보면 어떤 날이 떠오르곤 한다. 나를 찾는 시선, 젖은 우산을 털며 들어오던 모습, 어깨에 맺혀 있던 물방울까지도 좋았다. 그날의 공기는 눅눅했지만, 마음은 이상하게도 따뜻했다. 사랑은 그렇게 스며들었다. 한 번도 내게 묻지 않고, 조용히 마음을 적셨다.

당신은 내게 한 번도 책임을 요구하지 않았다. 내가 거짓을 말할 때도, 어떤 진실을 고백할 때도 그저 옆에 있을 뿐이었다. 기나긴 말 대신 예쁜 웃음으로 공백을 채우고, 위로를 하기보다는 좀 더 내 곁으로 가까이 다가섰다. 목소리가 작은 내게 가만히 몸을 기울여주던 사람이었다. 우산에서 떨어진 물방울이 나를 향한 궤적을 그릴 때조차 가만히 그 자리에 있을 뿐이었던 내가 왜 좋았을까.

당신의 이름을 닮은 소리가 오래도록 창가를 두드린다.

+ 플레이리스트

> "내가 손을 잡을게
> 너는 힘을 빼도 돼
> 그저 복사꽃 핀 거릴 걷자"
> - 〈yours〉, 데이먼스 이어

    가사가 예쁜 노래를 찾는 일은 버릇 같은 것 같습니다. 한창 사랑 그 자체에 흠뻑 빠져 살던 때가 있었습니다. 첫사랑에 관한 노래라더군요. 가만히 듣다 보면 실패한 사랑 노래 같은데 뭐가 이렇게 예쁘고, 여전히 사랑스러운지 모르겠습니다. 글을 쓰는 동안 노래 가사가 머리에 떠다녔습니다. 저도 누군가에게는 미화된 사랑 이야기로 남겨져 있을까요. 문득 궁금해집니다.

* 계절 식물 *

    지금이 되어서야 어떤 것은 미국 능소화라 길고, 어떤 것은 그냥 능소화라 크고 연해서 예쁘다며 조잘조잘 떠들겠지만, 당시에는 아직 능소화가 유행한다는 사실조차 알지 못했다. 누군가의 집 앞에 있던 폭포처럼 이루어진 능소화가 타인의 악의에 의해 잘려 나갔다는 소식으로 알게 된 그 꽃은 여러 의미로 다가왔다.

    몇 해가 지나 능소화의 유행이 더는 유행이 아니게 되자 새로운 꽃이 눈에 들어왔다. 대체 무슨 꽃이길래 수줍은 인간처럼 말단에 붉은 꽃이 피었을까 했는데, 찾아보니 배롱나무라고 했다. 능소화 다음으로 피어나 여름 장마의 끝물을 알리는 꽃이라고 했다. 배롱, 배롱. 이름이 웃겨서 배롱나무만 보이면 옆 사람의 어깨를 쿡쿡 찔렀다. "메롱, 배롱. 저기 배롱나무가 있어." 하며.

최근에 바닷가 마을을 놀러 간 적이 있는데, 또 새로운 재미난 나무를 발견했다. 꽃과 잎의 모양이 꼭 절이 그려진 동양화에 함께 그려질 것처럼 생겼다. 찾아보니 자귀나무라고 했다. 어리석게도 그 이름은 내게 걸렸다. "자귀야, 자귀. 아니, 저기 자귀나무가 있다니까." 할 수 있는 말이 또 하나 늘었다. 여름의 식물은 즐겁다.

살아가는 사람의 마음

•
할 수 있는 말이 또 하나 늘었다.
여름의 식물은 즐겁다.

* 화원 *

하나둘 식물들을 사서 모으다 보니 베란다에 화원이 만들어졌다. 뭐든 돌보아야 내가 덜 무너질 것 같은 기분에 작은 화분을 해가 잘 드는 자리에 골라 놓았던 것이 시작이었다. 때마다 물을 주고, 웃자람이 없게 살피는 것이 일상이 되었다. 무언가를 돌본다는 감각이 나를 지탱하게 했다. 초록이 영역을 넓힌 사이에 의자를 놓았다. 아무도 다가오지 않는 새벽을 홀로 지새우기 위함이었다. 그렇게 조금씩, 이 작은 화원은 나만의 공간이 되었다. 다음으로 간이 책상을 들였다. 그 사이에서 책을 읽고 편지를 썼다.

햇살이 들면 잎이 반짝였고, 창을 열면 숨결처럼 잎이 흔들렸다. 누군가에게 보여 주기 위한 식물원이 아니었고, 누군가를 기다리는 무대도 아니었다. 살아 있다는 걸 마음 깊숙하게 마주하기 위한 나만의 작은 세계였다. 때때로 새순이 올라오는 것을 바라보면 어쩐지 마음이 덜 아팠다. 누군가 마련해 둔 것이 아니라 온전히 내가 나를 생성하고 있다는 감각이 나를 살아 있게 했다.

* 선전포고 *

당신이 이번에도 울었을지 궁금하다. 하지만 나는 이제 되묻지 않기로 했다. 당신은 나의 현재이자 미래가 되어 주기로 했고, 나는 그 말을 약속처럼 느끼게 되었다. 우리는 가끔 이유 없이 엇갈렸지만, 나와 당신의 감정이 결코 같은 무게로 움직이지는 않는다는 걸 이제는 알고 있다.

나는 여전히 흔들리고 무너지고 다시 바로 서기 위해 노력하는 사람이지만, 살아 낼 수 있을 것이다. 당신이 없다면 혼자서, 있다면 더 잘 살아 낼 것이다. 언제든 나를 두고 도망치

더라도, 나는 당신의 안위와 행복, 평안을 바랄 것이다. 하지만 역시 쉽게 놓지는 않을 것이고, 사실은 놓고 싶지 않다는 게 진심이다. 누군가를 향한 마음은 그렇게 쉽게 끝나지 않는다. 기억과 마음은 단순하게 정리되지 않는다. 당신이 사라진 자리에서조차 나는 죽은 채 살아 숨 쉴 것이다. 어쩌면 영원히, 당신의 부재를 품은 채.

이것은 약속의 이행을 바라는 나의 선전포고,

공개 고백.

네 번째 사랑을 마치며
: 끝끝내 사랑을 할 거예요

마지막 장을 얼른 쓰고 싶었습니다. 결국 하고자 했던 것은 넘치는 사랑 이야기였으니까요. 저는 여전히 쉽게 고장 나고 자주 쓰러지지만, 사랑이 내 안에 남긴 온기가 그때마다 저를 일으켜 세우고는 합니다. 그래서 끝끝내 사랑을 할 거예요. 실패해도 괜찮고, 끝이 아픔이라도 이제는 괜찮을 것 같습니다. 저의 사랑은, 가장 조용하고 단단한 삶의 방식이니까요. 제가 사랑하는 것들이 사는 세상은 다정했으면 좋겠습니다.

에필로그 A

 사랑하면 고통도 응당 함께 나눠 가져야 한다고 믿던 시절이 있었습니다. 그때를 떠올리며 단어 하나하나에 감정을 덧입혀 과호흡이 올만큼 숨 막히는 문장을 쓰고 싶었습니다. 잘 되었는지는 모르겠네요. 절망은 이쪽 벽면에 걸어 두고, 불안은 뒤쪽 조명 아래에 두는 식으로 그저 읽는 이와 함께 지독한 사랑놀음을 해 보고 싶었거든요. 이 모든 기록이 당신의 정신을 넘치는 감정에 흠뻑 적시게 했다면 저는 더 바랄 게 없을 것 같습니다.

에필로그 B

 누구에게도 닿지 못할지도 모를 내 고백들이, 어딘가에서 비슷한 결의 사랑을 지닌 당신에게 가닿을 수 있기를 바랍니다. 모든 감정이 지나간 자리엔 결국 무언가가 남기는 하더군요. 당신 또한, 작열하는 아픔과 격정적인 사랑을 통과하는 삶을 살아가기를 바랍니다.

부록

작업 노트

원고를 쓸 때 거의 대부분 음악이 함께했습니다. 모든 꼭지마다 추천을 해도 모자랄 만큼 말이에요. 그와 함께 밤이 내려앉은 자취방의 간접조명 아래에서, 오후의 햇볕이 따사로운 식물 사이에서, 가끔은 야간 산책을 하며 떠오른 문장들이 빼곡히 채워졌습니다. 제가 사랑하는 많은 것들이 이곳에 스며 있습니다.

오랜만에 시를 찾아 읽기도 했습니다. 제가 시에 대해서는 잘 모르지만서도, 고등학교 교복을 입고 다닐 시기에 김용택 시인의 『달이 떴다고 전화를 주시다니요』를 외우고 다니던 때가 있었습니다. 당시에는 사랑 그 자체가 좋았던 것 같아요. 사랑이라고 하면 부사처럼 따라오던 모든 것들까지요.

청춘, 애정, 추앙, 달콤한 사랑. 입안에 맴도는 달큰하고 따뜻한 무언가가 끈덕지게 마음에 들러붙었습니다. 하지만 현실로 맞부딪힌 그것은 마냥 아름다운 연애 소설 같지만은 않더군요. 제가 경험한 것들은 사랑의 찬가가 나올 것들이 아니었어요. 가끔은 파멸을 불러일으킬 만큼 추악하기까지 했고요. 하지만 결국 사랑으로 살아가는 사람들을 보며, 저도 그 사랑이라는 것에 대해 이야기하고 싶었습니다.

글을 쓰는 동안 가장 힘들었던 건 과거의 나를 꺼내 오는 것도, 실패한 사랑 이야기를 하는 것도 아니었습니다. 사랑의 결말을 어떻게 지어야 하는가였습니다. 사랑은 때로 실패로 끝났지만 그것이 끝은 아니었고, 늘 새로운 사랑이 찾아오곤 했습니다. 사랑이 진행 중일 때에는 그 끝을 알 수 없고요. 사랑의 결말이 있기나 할까요? 애초에 사랑이 뭔데요?

사랑 이야기에 끼어드는 건 쉬웠지만, 형체 없는 무언가를 이해하는 건 어려웠습니다. 어디까지가 사랑인지 알 수가 없어서, 장난감 상자에 쏟아부은 물건들처럼 알고 있는 사랑을 모조리 담아 보았습니다.

저는 기록을 하기보다는 모으는 사람입니다. 좋았던 말, 잊을 수 없는 표정, 어떤 눈빛을 모아서 오래오래 간직하다가 이렇게 한 권의 책을 만들어 내었습니다. 어느 때나 누군가가 이 상자를 열었을 때, 그 안에서 자신만의 사랑을 발견하길 바랍니다.